講談社文庫

人は50歳で何をなすべきか

長尾三郎

JN265668

人は五〇歳で何をなすべきか／目次

人は五〇歳で何をなすべきか

はじめに

私は人生論を書くつもりもないし、また一介の自由人として生きてきた身にその資格もない。

ただ今は生きることが非常に難しい時代である。サラリーマンに限らず、とりわけ団塊の世代（昭和二十二年から二十四年生まれ）にとっては思いもしなかった厳しい現実の到来だが、これからの人生を一緒に考えることはできると思う。

私が指摘するまでもなく、団塊の世代は、他の世代と比べると出生数が多く、巨大なジェネレーション・ウェーブをなし、これまで大量消費社会の中核となるなど、その多様なライフスタイルでさまざまに日本の価値観を変えてきた。学生時代は、多くの学生たちが全共闘という名のもとに大学の権威主義と政財界癒着に異議を申し立て、学園闘争という形で既成の価値観と全面対決し、それは全共闘パワーとなって炸裂した。当時、私は彼らの行動に喝采を送った一人である。

しかし、学園闘争が終焉すると、彼らは否定したはずの企業社会（産学協同路線）の中に臆面もなく入っていき、やがて今度は高度経済成長の尖兵となり、モーレツ社員となって働いた。

時あたかも、日本は高度経済成長の時期にあり、働けば働くほどパイが大きくなり、賃金も右肩上がりで上昇していた。当然、彼らは、自分たちの未来も信じた。

だが、その団塊の世代が「五〇歳」に達した今、彼らを取り巻く企業環境、国際情勢、社会事情は非常に厳しいものがある。日本の経済はマイナス成長と低迷し、企業は構造的な見直しを迫られ、リストラ、あるいは転職は、大企業といえども避けられない。妻子をかかえ、まだ住宅ローンも教育ローンも支払わなければならない彼らにとっては、まさに〝受難の季節〟の到来である。私は団塊の世代に対する〝応援歌〟を書こうと思った。

昔は「人生五十年」、今は八十年の時代。団塊の世代は、二十一世紀を迎えてもまだ三十年の人生がある。「人生八十年」ともなれば、「五〇歳」は人生の転換期にあたる。それをどう生きるか。これは二十世紀から二十一世紀にかけて、日本が再生する上でも最大の問題である。

私は、団塊の世代より一つ上の「六〇年安保」の世代に属する。

少し私自身のことを述べれば、私は「六〇年安保」のあと、早稲田大学文学部を中退（正確には除籍というらしい）し、草創期の週刊誌の世界に入り、記者からやがてアンカーマンになった。出版社系の週刊誌の多くは、編集者、取材記者、アンカー（マン）という機能分業システムをとっている。アンカーというのは、最終的に取材記者のデータ原稿を規定の枚数にまとめ、活字になる原稿を書く仕事で、私は数誌の雑誌で二十数年、毎週締め切り時間と格闘しながら、それなりに現実とかかわって仕事をしていたが、気がつくと四五歳になっていた。

この仕事は定年はないが、体力と知力、気力の勝負で、いつまでもやれるほど甘くはない。世代交代もある。将来の展望は何もなかった。週刊誌の仕事はいわば共同作業で、しかも私が書く原稿は無署名であり、無署名で書く原稿にはむろんそれなりの意義を認めていたが、自分の作品と呼べるものは何一つない。

私は思いたち、一念発起して、四五歳のとき、世界最高峰のエベレスト（中国名チョモランマ）に向かった。私は山といえば、東京の高尾山（標高五九九メートル）しか登ったことがなく、ある登山家からは「無謀」といわれた。しかし、自分には不可能なだけに、私は「生と死」の極限を生きる登山家、冒険家に魅せられていた。

その頃、日本が誇る世界的な登山家が二人、相次いで遭難した。一人は、世界の最高峰エベレスト（八八四八メートル）に春、秋、冬と、世界で初めて三回登頂し、「三冠王」の名誉に輝いた加藤保男という天才クライマーである。しかし、加藤はネパール政府公認の最初の厳冬期登頂者となった昭和五十七年（一九八二）十二月二十七日の翌日、再び生還することなく、三三歳の若さでエベレストの氷雪に消えた。

もう一人は、世界初の五大陸最高峰登頂や北極圏単独走行を成功させ、「世界のウエムラ」

となった植村直己である。植村は、昭和五十九年（一九八四）二月十二日、四三歳の誕生日に、北米の最高峰マッキンリー（六一九四メートル）の冬期単独初登頂を果たしたあと、彼もまた永遠に氷雪の中に消えた。

私は植村が遭難した直後の四月下旬、エベレストに向かった。当初の目的は、加藤保男を書くための取材であったが、出発間際になって、植村の死に遭遇し、加藤のあとは植村を書くことになるという予感がした。エベレストは植村にとっても登山家、冒険家としての原点になった山である。私は二人の評伝を書くためにはどうしてもエベレストを自分の目で見、肌でその厳しさを実感したかった。

もとより、私がエベレストに向かったといっても、登山はズブの素人であるから、エベレストの山麓を登る、いわゆるトレッキングというやつである。実際には四五〇〇メートルまでしか登ることはできなかったが、四千五百メートルのペリチェで、私は日本のどの山よりも高い地点まで登ったという満足感と達成感で一杯だった。この取材から『エベレストに死す』と『マッキンリーに死す』という二つの作品が生まれ、以前に書いた『サハラに死す』と合わせて〝死す〟シリーズ三部作を世に送り出すことになった。世界的なレベルで「未知の領域」に挑戦した日本人の登山家、冒険家の「生と死」を描くことが私のテーマとなった。

そして、私は『マッキンリーに死す』で講談社ノンフィクション賞を受賞するという幸運に恵まれた。四七歳だった。したがって、私が最も精力的に作品を発表したのは「五〇歳」を過ぎてからである。私にとっても、四五歳から「五〇歳」にかけては人生の転換期、分岐点となった。

今思い出せば、週刊誌の仕事を二十数年やってきた過程で、私は戦後史を彩る政治から社会問題、事件、スポーツ……と、さまざまな事件や渦中の人と出会い、原稿に書いてきた。本書に登場する人たちは、何らかの形で私がかかわってきた人たちである（むろんアンカー原稿も含めてだが）。団塊の世代からみれば、人生の先輩にあたる著名人ばかりだろうが、成長してきた節目節目で影響を受けた人も多いはずである。彼らが同じ「五〇歳」をどう生きていたのか。そこに団塊の世代がこれからの「五〇歳」を生きる上で何か大きなヒントがあるのではないか、と考えたのが本書執筆のきっかけである。

したがって彼らの生の声をできるだけ伝えるために、彼らがインタビューに応じた当時の週刊誌や月刊誌を参考にし、その生の声を引用する手法をとった。活字文化をこよなく愛する私にとって、〝雑誌文化〟は最大の拠りどころでもある。私としては、「五〇歳」問題を考えると同時に、彼らを登場させることで、戦後史のある断面を、二十世紀の最後の年に浮かびあがらせることができたら望外の喜びである。なお文中では登場人物の敬称を略し、肩書、年齢は発表当時のままであることを付記する。

序章　人生の転換期「五〇歳」

「人は五〇歳になると、ある種の子供っぽい愚行をしたり、名声や信用を得ようとしたりすることをやめる。そして自分の人生を冷静に回顧しはじめる」

これはヘルマン・ヘッセの言葉だが、われわれにとって「五〇歳」という年齢が人生の大きな転換点であることには違いない。

人生は、むろん過去の集積の上に展開されるものだが、「五〇歳」ともなれば、ある程度これまでの自分の生き方が総括され、この先の人生の見取り図も読めてくる。

相も変わらぬ情熱をたぎらせて仕事に没頭している人もいれば、すでに功なり名をとげて余裕をもって余生を迎えることができる人もいよう。その一方で、オレの人生は所詮こんなものだったのか、と不遇をかこち、先ゆき暗い未来に暗然としている人もいるだろう。

いま日本の中核をなしている団塊の世代がまさにこの「五〇歳」に達した。

昭和二十二年（一九四七）から二十四年までに生まれたこの世代は約七百十三万人。その前後に比べて三割も人口が多い。したがって、生まれたときから「第一次ベビーブーム世代」と名づけられ、その後成長するにつれて、「グループサウンズ世代」、「戦無派世代」、「全共闘世代」、「フォーク世代」、「ニューファミリー世代」、「団塊の世代」と、あたかも〝出世魚〟のように名前を変えて呼ばれてきた。

この巨大なジェネレーションは、これまでも幾つもの座標軸を持ち、一つの既成の枠や規定された生き方にこだわらない多様性をもって、日本をさまざまに変えてきたし、これから先の日本の将来も、彼らを抜きにしては語れない。

団塊の世代は、日本のあらゆる分野に大きな影響力を持ち、時代の先頭を走ってきたが、なんといっても最大の問題は、日本の企業社会の中で彼らがいまどんな位置におり、「五〇歳」に達した現在、これから先をどう考えているか、である。

私はかつて、団塊の世代が「三五歳」に達した昭和五十八年（一九八三）、『団塊世代まかり通る——日本を動かすミドルパワー』という本を上梓して、あらゆる角度から彼らの実態を考察したことがあった。

すでにこの時期、日本の企業は低成長期にあり、ポストレス、減量経営、不透明な企業環境と、変革への大潮流が渦巻き出していたが、あるサラリーマンが語っていたように、彼らなりにしたたかで楽観的だった。

「ぼくらは生まれつき過剰人口で、受験戦争もくぐり抜けてきた。だからポスト不足なんて気にしません。また何とかなりますよ」

彼らが目指すのは「昇進よりもスペシャリスト」である。三和銀行がアンケート調査した結果をみても、「企業に対するロイヤリティ」を尋ねられ、「会社のために自己犠牲をいとわない」よりも、「マイペースで仕事を進め、どちらかというと自己中心主義である」がはるかに上回っていた。彼らは団塊の世代に属しながら、自分たちが「塊」であるなどとは思っていないところがあり、あくまでも個人としての価値観を追求しようとしている点、すでに

〝滅私奉公〟型の上の世代とは異っている。

そして、「何歳まで働き続けるか」という問いに対しては、その上の私の世代が「六三・三五歳」であるのに対し、団塊の世代は「六〇・五九歳」と答えていた。

それから十五年経ち、彼らが「五〇歳」に達した現在――。

日本経済は構造的な不況からなかなか景気回復できず、山一証券をはじめとする大企業まで倒産、失業率は過去最高で、リストラで会社を追われ、転職を余儀なくされるサラリーマンも多い。自殺者も激増している。

ちょうど団塊の世代がその対象になっており、かつての楽観主義では生きられない時代になってしまった。その一方で、年齢のほうは寿命がどんどん延びている。

厚生白書はすでに平成九年度版で、現在、男性が七六・三八年、女性が八二・八五年の平均寿命だが、それがさらに延びると推計している。その上で厚生白書はいう。

〈こうした平均寿命の伸長等に伴い、人口の高齢化は急速に進展することとなる。六五歳以上の老年人口は、一九九五（平成七）年には一、八六二万人であるが、団塊の世代の高齢化に伴って増加し、二〇一八（平成三十）年頃から三、三〇〇万人前後で推移されることが予想されている〉

こうなったらもう意識を変えるしかない。

否応なしに長寿化する高年齢社会を生きることになるわれわれにとって、「五〇歳」は、人生の折り返し点をまだわずかに過ぎた年齢と考えたほうがいい。

一〇八歳まで現役で仕事をした彫刻家の平櫛田中が、いみじくも喝破した。

「わしがやらねば誰がやる。今やらねばいつできる。五十、六十洟たれ小僧、七十、八十花ざかり、九十でお迎え聞こえません」

松下幸之助、本田宗一郎らと並んで、戦後の日本を代表する経営者、ソニーの創業者で名誉会長の盛田昭夫は、平成十一年十月三日に七八歳で逝去した。

死去の少し前、八月十六日発売の米週刊誌『タイム』アジア版最新号は、今世紀最も影響力のあった「アジアの20人」を発表、日本からは昭和天皇や映画監督の黒澤明ら六人が選ばれたが、その六人の中にはソニーの盛田昭夫も含まれていた。

その理由は、

「ソニーを国際的な存在にした創設者の一人で、日本経済のカリスマ的擁護者」

というものだった。

敗戦翌年の昭和二十一年、井深大と東京・日本橋に従業員二十数人の「東京通信工業」を設立、「町工場」を〝世界のソニー〟に育てあげた成長神話はよく知られているが、盛田昭夫が社長に就任したのは何歳のときかご存知だろうか。

財界きっての国際派で論客だった盛田は、海外での活躍が華々しく、経済大国ニッポンの「顔」として、その知名度が高く、一方、国内においては、学歴偏重主義を批判した『学歴無用論』がベストセラーになったりして、常にその言動が注目されたが、意外なことに、盛田が井深大社長と交代する形で社長に就任したのは昭和四十六年（一九七一）五月三十一日、まさに「五〇歳」のときだった。

あとで詳しくふれるが、ソニーという会社は「五〇歳」を中心にして、社長が交代している点が注目される。

日本が外国に輸出したのはソニーやトヨタなどのハードだけではない。戦後、日本の知識人が伝統文化や宗教に背を向けていた頃、欧米では対照的に日本の伝統文化、精神文化が注目されていた。

その一つが禅で、アメリカに禅を普及させたのが鈴木大拙である。コロンビア大学（ニューヨーク）などで「禅仏教」や「華厳哲学」を講義し、禅の心を説く大拙の周辺には、大勢の内外の知性が集まった。精神分析学者エーリッヒ・フロム、スイスの心理学者グスタフ・ユング、イギリスの歴史学者アーノルド・トインビーらであった。

大拙の秘書役をつとめ、大拙と行動を共にした岡村美穂子が、読売新聞（平成十一年十二月二十七日付）でこう語っているのが印象深い。

「精神分析がブームを呼び、フロイト派やユング派など精神分析学者が育っていたが、精神分析をもってしても心の渇きを癒せない知識人の間で、禅の思想が注目されていたんでしょうね」

「世界人としての日本人」を体現した鈴木大拙は、昭和四十一年（一九六六）、九五歳の生涯を終えたが、大拙が世界人として生きる上でそのきっかけをなす東方仏教徒協会を設立し、英文仏教誌『イースタン・ブディスト』を発刊したのは大正十年（一九二一）、彼が「五〇歳」のときだった。

これらの例にみるまでもなく、「五〇歳」を境にそれからの人生を開花させた人たちはそれこそ枚挙に遑《いとま》がない。

なかには森敦のような例もある。森敦は「五〇歳」の頃、作品も発表することなく、各地を放浪する身だった。彼が名作『月山』で芥川賞を受賞したのは六二歳のとき、最年長受賞者として一躍脚光を浴びた。「五〇歳」はまだ森敦にとって、人生の後半を開花させるための雌伏のときだったのだろう。

本書は、「五〇歳」という人生の転換期を人はどのように生きたか、戦後の日本を彩った各界の人々に焦点をあてて学ぶことにする。きっとあなたにも、「五〇歳」からの人生を生きる上で勇気と智恵を与えてくれるはずだ。

平成十二年（二〇〇〇）二月、五二歳で七年ぶりに二度目の宇宙飛行を果たした毛利衛も団塊の世代であり、こういうメッセージを送ってきたではないか。

「僕も頑張るから、団塊の世代の皆さんも頑張ってほしい」と。

第一章　団塊の世代よ、あの「時代」を思い出せ

1 原点　青春の全共闘運動

「忘れられないの　ゲバルトが好きよ　ヘルメットつけてさ　ポリを見てたわ　私は一人で大きな石コロを　砕いて投げたの　ポリをめがけて　ゲバは　私のゲバは　空を染めて　燃えたよ　死ぬまでゲバ棒　離しはしないと　あの人はいった　ゲバの季節よ　夜明けのゲバルト　みんなでやろうと　あの人はいった　ゲバの季節よ」

東大教養学部第八本館の壁にはこんな替え歌が書き込まれていた。ピンキーとキラーズが歌ってヒットした『恋の季節』のメロディで歌うとぴったりとくる。

また、こんな替え歌も今では懐かしいだろう。

「ポリに　ポリに追われし　この駒場　ゲバやれ　ゲバやれ　ゲバぐれて　どうせおいらの行く先は　その名も警視庁公安課」

高倉健の『網走番外地』の替え歌だった。

団塊の世代はいうまでもなく全共闘世代である。私は彼らにあの昂揚した、パワーにあふれた、輝かしい青春を思い出してほしいと思う。

ベビーブーム世代の第一陣が大学生になったのは昭和四十年（一九六五）四月だが、彼らが四年生、つまり最上級生になった四十三年に突風のように、にわかに全国の大学で学園紛争が勃発した。そして全共闘運動はたちまち燎原の火のように燃えあがり、各大学を震撼させた。四十四年前後は、色とりどりのヘルメットが学生たちの頭上で輝いていた時代だった。

中核派と革マルは犬猿の仲なのに、ヘルメットは共に白ヘルで、社学同が赤ヘル、社青同解放派（反帝学評）が青ヘル……という具合である。そして八万学生が立ち上がった日大闘争の連中は銀ヘルをかぶっていた。すっかり無気力化した今の学生たちにとって、反体制とか反権力などという言葉は死語になってしまったが、あの時代、学生たちは確かに燃えていた。青春の特権としての反抗心があった。

大学の自治と変革、ベトナム反戦を旗標《はたじるし》にして、全国の大学を席捲した学生運動は、さまざまな新語も生み出した。意識は高いがどのセクトにも属さない「ノンセクト・ラジカル」もそうだし、闘争に参加する女子学生の「ゲバルト・ローザ」も出現し、教授たちとの団交の席では「ナンセンス！」という怒号が飛びかった。

むろん全部の学生たちが闘争に参加したわけではなく、政治や学生運動に無関心、もしくは拒否反応を示すノン・ポリティカルな学生たちもいたし、彼らは「ノンポリ」と呼ばれた。また運動の途中で離れたものは「日和《ひよ》る」と批判された。

昭和四十四年（一九六九）一月十八日、十九日に展開された、いわゆる東大安田講堂の攻防戦が大学闘争のクライマックスだった。安田講堂を占拠していた全共闘学生と封鎖解除を開始した機動隊の激突は、テレビで全国の茶の間に生中継され、四四・六パーセントという視聴率を記録した。催涙弾とガス銃を撃ち込み、放水を浴びせる機動隊と火炎ビンと投石で抵抗する学生たちの激しい攻防戦にわれわれは息をのみ、「ノンポリ」といわれた学生たちもテレビに釘づけになったはずである。忌憚なくいえば、あの安田講堂攻防戦は凄惨な中にもぞっとするような美しさがあった。それは敗れ去る学生たちへの鎮魂のドラマ、青春の墓碑銘として語り継がれるべきものだ。

全共闘運動については、すでに『砦の上にわれらの世界を』とか『叛逆のバリケード』といった闘争の記録が公刊されているし、私自身、四十四年に上梓した最初の本『若者は叛逆する』の中で詳しく触れている。

そこで、ここでは詳しくは繰り返さないが、闘争から二十七年後（一九九五）、私は元日大全共闘書記長の田村正敏とじっくりと語り合う時間を持った。写真週刊誌『フライデー』で「戦後五〇年」の総括シリーズを連載したとき、私が会いたかった「戦後史の証言者」は何人かいたが、その一人が田村正敏だった。

「日大闘争の総括？　〝ポン大〟とバカにされていた日大があれで一流大学になっちゃった（笑）。うちの息子なんかとうてい入れない」

と、磊落に笑って、田村正敏が明かした秘話はなかなか面白かった。ここでそれを紹介しておきたい。

昭和四十三年（というより、以後はやはり一九六八年と西暦で表記したい）は、パリではカルチエ・ラタンで学生たちが警官隊と衝突、いわゆる「五月革命」が勃発するなど、世界中でスチューデント・パワーが吹き荒れた年だった。

パリの「五月革命」に先だつ一九六八年四月、日本大学（当時・古田重二良会頭）で二十億円の使途不明金が発覚、それに抗議して五月二十三日、学生千五百名が、わずか「二百メートルのデモ」をしたのが、東大闘争とともに二大学園闘争となる日大闘争の始まりとなった。

当時の日大は東京・神田に本部があり、全十一学部が各地に分散するタコ足大学で、学生数は約八万人。「二百メートルのデモ」から四日目の五月二十七日、使途不明金問題と学園民主化をめぐって学生たちが結集し、「全学共闘会議」が結成された。そして秋田明大議長（経済学部四年）、田村正敏書記長（文理学部四年）が選出されたが、田村にいわせると、最初の頃は闘争方法など何も知らない、まとまりのないシロウト集団でしかなかった。

「はっきりいって各学部の今でいう偏差値レベルが全然違っていた。だいたい文理学部二年生の英語の教科書が法学部一年生の教科書なんですから（笑）。同じ大学でもそれくらいの差があった。だから、『他学部のやつらのいうことを聞くのか』みたいな雰囲気はいっぱいありました」

それが三百日に及ぶ長い闘いになったわけだが、そもそも全共闘を結成したいきさつからして、いかにもシロウト集団らしい。

「当時、過激化していた三派系全学連と間違えられるのがいやだったんですよ。全学連というとアカ（共産主義者）だと。それで僕ら、『全共闘』という名前を考えた」

——全共闘というのは日大でつけたの？

「そうです。我々は全学連ではないことを主張するために、全学共闘会議（全共闘）ということを考えた。で、旗もオレンジにした。校旗のピンクもいやだ、共産党の赤もいやだ、ということで、中間色でオレンジ。組織の体制も闘争に入った学部順に議長、副議長と決めていった。経済学部が最初だったから秋田明大が議長。二番目の法学部から副議長、文理学部は三番目だったので、僕が書記長になった」

理論的な武装も「付け焼き刃」だった。

「みんな、『毛沢東』という字が読めなかったんです。あれは僕ら、『けざわひがし』ってしばらく読んでいた（笑）。レーニンも、マルクスがお父さんでエンゲルスはお母さんだと思っていたもの（笑）」

『インターナショナル』などという歌も誰も知らない。それで田村正敏が他大学から習ってきて、みんなに教えた。その後、日大全共闘は、東大全共闘とも連帯するようになるが、東大の安田講堂の集会で、秋田明大と田村が日大全共闘を代表して壇上に立ち、他の大学の代表たちと一緒に『インターナショナル』を歌った。

「ところが、節が違う。メロディが違うんで、オレと秋田、『あれ?』って。正統派の歌を聞きながら、二人で壇の上で凍りついた。それであとからずいぶん文句が出たけど、『オレは音痴なんだもん。しょうがねえだろう』って(笑)。だけど、今、僕らが酔っぱらうと、結局その『インターナショナル』しか歌えない。修正できないんです」

闘争の過程で、各地の校舎にバリケードが築かれて「解放区」となり、全学がストに突入、六月十九日には日大全共闘が本部を封鎖した。そこに機動隊が出動、催涙弾やガス銃を打ち込んだ。

九月には第五機動隊の巡査部長が学生の投石で死亡するという事件も起き、日大闘争は殺気だち、「国家権力」との対決、「古田体制の解体」へとエスカレートしていった。

そして九月三十日、両国の日大講堂(前の国技館)で「一万人集会」とのちに呼ばれる大衆団交が開かれ、古田会頭ら十五人の理事は、席上で「自己批判」させられるという事態に追い込まれた。

「一万人どころじゃない。四階までびっしり満員だったから三万人以上の学生が来ていた。集会は午後三時頃から明け方までやったんですが、そのときに他の理事たちは僕らが出した弁当を食ってくれたんです。しかし古田だけは弁当も水もお茶も飲まなかった。『おまえらのは毒が入ってる』って(笑)」

――敵ながらアッパレと思った？

「あれは古田一人と三万人の学生との格闘でした。自分の身内だった理事は全部日和《ひよ》ったんだから。で、集会が終わって控え室へ連れて行ったら、そこで古田がバッタリと倒れてしまった。僕はそのとき、あ、この人は真剣だったな、と思った。立場は違ったけど、凄い人だと思いましたね」

「一万人集会」は成果をあげたが、その後、佐藤栄作首相（当時）が閣議で「日大の大衆団交は政治問題として取り上げるべき段階にきた」と発言。十月五日には、団交で勝ちとった使途不明金の全容公開の「確約書」を古田会頭が破棄するなど、闘争はまた泥沼に入っていった。

古田会頭は、常々、日大には「アカ」を存在させないと豪語し、事実それを誇ってきた。日大はもともと長州（山口県）出身の山田顕義（明治新政府の参議）が創った学校で、「日本会」という強大な支援組織があった。

独占資本主義の権力体制とぴったり癒着し、当時、産学協同路線の象徴であった日大の実態は、「日本会」の世話人組織を見れば一目瞭然だった。

総裁・佐藤栄作、会長・古田重二良の下に、愛知揆一、大平正芳、松下幸之助、堀田庄三、藤山愛一郎、堤清二、保利茂、永野重雄、賀屋興宣、岸信介、田中角栄、福田赳夫、原文兵衛、藤井丙午、中曽根康弘、五島昇（抜粋）といった有名政財界人がキラ星のごとく並んでいた。

「そういう背景があるから、佐藤さんが登場してくるのは、当然だろうとは思っていた。ただ佐藤発言によって、闘争の収拾方法を失ってしまった。一般大衆の学生のほうが、僕ら指導部の政治意識を超えちゃってもいた。それで一般学生の意識を、どっかに流していかなきゃならないということになった。それで、東大と一緒にやろうと言い出したわけ。日大方式でいけば東大闘争も勝てるんだと……」

日大全共闘は十一月以降、積極的に東大闘争へ介入していった。

東大闘争は日大闘争より早く、一九六八年一月に医学部が医師法改正反対運動に端を発し、無期限ストに突入した。そして三月二十八日には東大医全学闘が安田講堂前に座り込み、卒業式もとりやめになった。医学部だけでなく、各学部を含む「全学共闘委」が組織され始めたのはこの頃からであった。

七月五日には、安田講堂内で三千人の抗議集会が開かれ、全学共闘会議（いわゆる東大全共闘）を結成、山本義隆（理学科大学院博士課程在学中）が代表（議長）に選任された。東大全共闘は「大学の解体」を要求、安田講堂をはじめ全学部を封鎖していた。そこに連帯が生まれた。それも〝奇妙な連帯〟だった、と田村が笑った。

「向こうはインテリゲンチャーで、僕らはインチキゲンチャー（笑）。日大闘争中に山本が文理学部に来たことがある。日大の金銀財宝、宝物倉というのは凄いんですよ。文理学部長の部屋に大きい絵があって、その裏が隠し金庫になっていた。『なんだこれ』って動かしたら、隣の扉がブワーッと開いちゃって、まるで『スパイ大作戦』みたい（笑）。中に当時珍しいレミーマルタンとか、洋酒が何百本も入っていた。山本と一緒にその酒をみんな飲んじゃいましたよ」

連帯を求めて孤立を恐れず
力及ばずして仆《たお》れることを辞さないが
力を尽さずして挫けることを拒否する

今では懐かしい言葉だが、無名の戦士が作ったこのスローガンが全共闘世代の心情を熱く伝えていた。いま「五〇歳」に達した団塊の世代が最も燃えた青春のスローガンだった。あの時代の心意気を思い出してほしいものだ。

2 炸裂『都市の論理』が売れた理由

学生たちの政治的ラジカリズムが頂点に達した昭和四十三年（一九六八）から四十四年のこの時期、反代々木系の、いわゆる新左翼の学生たちに最も影響を与えたのが歴史学者の羽仁五郎の存在であり、その著作である『都市の論理』だった。

『都市の論理』は六百ページを超える、いわば思想啓蒙書で、昭和四十三年に勁草書房から発売されたときは価格も九百五十円で決して安くはなかった。したがって初版部数も七千部とそう多くはない。

しかし、学園闘争が火を噴き、学生パワーが炸裂、ヘルメット姿の学生が増殖するにつれ、あれよあれよという間に部数が伸び、十一月には早くも二万部を突破するという異様な売れゆきを示した。

時代はまさしく政治の季節を迎えていた。今の沈滞した学生運動、無気力、無反応な若者たちには想像もつかないだろうが、六〇年安保のあと、学生や若者たちが再び公然として反政府運動、公権力に立ち向かった時代だった。

十月二十一日の国際反戦デーでは、新宿を中心にして米軍ジェット燃料輸送タンク阻止、反安保を叫んで全学連統一行動が展開され、これには二万人の群衆も参加した。私自身は六〇年安保世代だが、私も仲間たちと、今の新宿駅の南口あたりにいて、機動隊の催涙ガスを浴びた。半分は野次馬根性もあったが、半分はマジだったから、こっちも投石してはパッと逃げ、また舞い戻った。まさに騒然とした修羅場で、政府は騒乱罪を適用した。

そうした時代の背景の中で、羽仁五郎の『都市の論理』は読まれ、部数が飛躍的に伸びていった。当初は「五千部も売れれば上々」と考えていた版元も、あまりの売れゆきについ笑いがとまらず、著者の羽仁五郎との間でこんなひとこまが出現した。

ある日、版元の出版部長が羽仁の前で、

「予想外の売れゆきで……」

と、満面をくずしてうっかり白い歯を見せてしまった。

激怒したのは羽仁五郎である。

「僕はこの本を書くのに歯を三本もダメにし、体重も六キロも減ってしまった。人の苦労を何だと思っているんだ。笑いがとまらぬとは何事だ。もう絶版だ」

羽仁の見幕に仰天した出版部長は顔面蒼白となり、陳謝にこれ努めたので、羽仁も絶版宣告だけは取り消したが、その代わりに一つの条件を提示し、これをのませた。その条件と

は、

「学生が手軽に買えるように、値段を半分にしなさい」

出版社はこれを受け入れ、四百八十円のペーパーバック版を出版した。「今度こそ本当に本に羽根が生えた」と、井上ひさし（作家）が『ベストセラーの戦後史』の中で書いている。結局、『都市の論理』は八十万部を超える大ベストセラーとなった。団塊の世代なら、学生時代に一度はこの本を手にした人も多いはずだ。

『都市の論理』は、なぜそれほどまでに学生たちを熱狂させたのか。

この本は、前半が都市と大学についての歴史的考察をなし、後半が新聞報道記事に基づく時局分析というように、二部から構成されているが、たとえば第二部「現代の闘争」の中では、こんなテレビ論を展開している。

〈〝ヴェトナム海兵隊陸戦記〟というテレヴィ放送が非常の感動をあたえたとき、あまり残酷なものは茶の間にはいってくるテレヴィで放送しないほうがよいといって、連続放送の計画がさしとめられたのは、家族からの解放なくしては、都市が成立せず、テレヴィも成立しないということの典型的の実証にほかならなかった。

テレヴィは茶の間にはいってくるものだから、というが、残酷な戦争が現実におこなわれていれば、それがテレヴィにうつるのが、テレヴィの機能でしょう。テレヴィにうつすのはいけないが、現実に戦争をやっているほうはかまわない。残酷な戦争に協力しておいてテレヴィ放送はさしとめるというのが自民党政府である。

家族から解放された都市ならば、残酷なヴェトナム戦争がテレヴィで茶の間に入ってくれば、これはけしからんということが、ヴェトナム戦争反対の市民運動となって成長する、というのが都市の論理でしょう。人間が家族から解放されず、都市が成立しない日本では、テレヴィという近代的メディアが生きることができない〉

日本政府が「憲法の許す範囲でベトナム戦争に協力する」と発言したのは昭和三十九年（一九六四）六月、訪米した福田篤泰防衛庁長官がこう明言し、八月には椎名外相も「艦隊のベトナム哨戒出動は事前協議の対象ではない」と国会で答弁、日本は本格的にベトナム戦争に加担していった。

このあたりから自民党政府のテレビ界に対する風圧が強まっていく。翌四十年八月十四日、東京12チャンネル（テレビ東京）が敗戦記念日前夜から徹夜で「戦争と平和を考える」討論会をやり、桑原武夫の司会で、各政党の代表者、坂本義和、日高六郎、開高健、小田実らと一般参加者が討論をくりひろげていたが、十五日午前四時すぎに突然、番組が打ち切りになった。

中止の理由は全く説明されなかったが、私たち視聴者の目には明らかだった。ベトナム戦争を支持する自民党代表者に非難が集中し、旗色が悪かった。そのため急遽、ベトナム戦争に加担する政府サイドが政治的配慮から「何らかの圧力をかけた」と、公然と噂された。

日本テレビの「ノンフィクション劇場」で放映された『南ベトナム海兵大隊戦記』もその一つで、残酷なシーンが多いという理由で、自民党サイドから横槍が入り、自主規制という形で以後は放映されなかった。

羽仁五郎のテレビ論はそれを踏まえて展開したものであり、『都市の論理』が発売される直前、南ベトナムのソンミ村で米兵による大虐殺があり、大々的に報道されたことから、学生たちに羽仁の論がストレートに受け入れられたのである。

全編をみても、羽仁五郎のレトリックはなかなか巧妙で、実にわかりやすい。「警察官職務執行法」を例にとれば、学園闘争や国際反戦デーで警察に追われる学生たちにとって、きわめて具体的な教唆となる。

〈職務質問というのは、職業上の質問ですから、こっちには答える義務がないのです。八百屋や果物屋がする質問と同じです。〃大分ミカンが安くなって来ましたから買いませんか〃というのは職務質問ですから、一々答える必要はない。〃いま金がないので買えない〃など弁解する必要はない。買えなければ黙ってとおりすぎればいいのです〉

羽仁五郎はまたこうも書いている。

〈われわれの私生活に警察がいつなんどきでも黙ってはいって来る、〃今日《こんにち》は、赤ちゃん〃、とも言わないで、はいって来る。〃今日は〃と言ってはいって来ればよいが、〃今日は〃と言わないではいって来る。この〃今日は〃というのが令状を意味するのです。〃こういう理由ではいります〃。その理由は警察が判断するのではだめです。三権分立の——警察権は行政権ですから、それとは独立の司法権である裁判所の出した令状でなければはいれない。第三者が見て、〃これははいらなければならないだろう〃ということです〉

羽仁五郎のレトリックについては、前出の井上ひさしも、

「難解なことがらを卑近な例に引き寄せてやさしくしてしまう知的な道化芸から発するユーモアが牽引車となって読者をぐいぐいと先へ引っ張って行く」

と感嘆している。

実際、羽仁五郎は話術にも独得のカリスマ性があって、講演を求められると、白のタートルネックという気軽さで何処へでも出向いたが、べ平連（ベトナムに平和を！ 市民連合）の活動家だった小中陽太郎が「一九六八年、夏。／安田砦《とりで》の羽仁五郎は、まったくさっそうとしていた」という書き出しで、羽仁の講演芸を紹介している（『羽仁五郎戦後著作集』第五巻「解説」）。

〈……安田講堂の中は、日大全共闘の旗で埋めつくされていた。その喚声の中を、羽仁五郎は、演壇にのぼった。

そして、こういった。

「この大学の中根千枝という人は、日本の社会をタテワリ社会だ、といったそうだ。ナニ、

私にいわせれば、日本はゴマスリ社会だ」（笑、喚声）

タテ割り社会云々という論理からいけば、ヨコとでもいうかと思いきや、ゴマスリとさっとナナメに切る軽妙さ、権威をこれでコケにしてしまう語り口、天性のアジテーターだと唸った〉

学生たちが羽仁五郎に寄せる親近感は、たとえば、同じ東大で全共闘と対決した作家の三島由紀夫と比較すればよくわかる。

③教祖　羽仁五郎「五〇歳」の虚実

昭和四十四年（一九六九）五月十三日、「東大全共闘対三島由紀夫」という〝革命的フェスティバル〟が東大駒場の九百番教室で開催された。東大全共闘が企画したもので、論戦が始まる午後一時半には大入り満員だった。

「三派・全共闘は清潔な敵だ。しかし、いつの日か、彼らがあまりハネたら殺《や》らねばならぬ敵だ」

と公言していた三島由紀夫をまず迎えたのは、ボディビルで鍛えている三島を皮肉った「近代ゴリラ」と称する絵だった。

三島由紀夫と全共闘の立場はあまりにも違い過ぎていた。当然、論戦は過激になる。

「今日は三島をぶん殴る会だというから来たんだ」

という野次も飛ぶ殺気立った雰囲気の中で、三島由紀夫は昂然として自分の信念を開陳した。

〈諸君から見れば、私は体制側の人間かも知れないけど、私が行動を起こすときは結局、諸君と同じ非合法でやるほかないんだ。非合法で、決闘の思想において人を殺せばそれは殺人犯だから、そうなったら自分もお巡りさんに捕まる前に自決でも何でもして、死ぬつもりだ。

しかし、その時期がいつ来るかはわからない。だから、そのときのために体を鍛えて〝近代ゴリラ〟として立派なゴリラになりたい（笑）、そういう気持ちでいるわけです〉

これはまことに予言的な言葉で、三島のこの熱弁を聞いた学生たちは、一年半後の昭和四十五年十一月二十五日、衝撃的な三島事件に遭遇することになった。

この日、三島由紀夫は「楯の会」会員四人を伴い、東京・市谷の陸上自衛隊に乱入。益田兼利総監を人質にとり、本部正面のバルコニーに立って、こう檄を飛ばした。

「今の憲法では自衛隊は違憲だ。再軍備をすべき憲法改正が、今や国民に忘れられてしまった。それを君たちはどうも思わんのか。武士である諸君が起たねば、諸君は永久に救われない」

三島は、楯の会のカーキ色の制服に日の丸の鉢巻をしめ、軍刀をふりかざしながら、約十分にわたって、クーデター決起を促すアジ演説を行なったが、自衛隊員らの反応は冷ややかで、かえって激しい野次が飛んだ。バルコニーにいるのは、高名な作家というより、一人のピエロだった。

「それでも武士か！」、「天皇陛下万歳！」と叫んで、三島由紀夫は総監室で割腹自殺をとげた。三島を介錯した森田必勝も割腹して果てた。

この異様な三島事件は、日本ばかりでなく、世界中に衝撃を与えたが、このとき三島由紀夫は四五歳だった。

もしも、三島由紀夫がこんな時代錯誤的な事件を起こすことなく、仕事に専念して「五〇歳」を迎えることができたら、すでにノーベル文学賞候補にものぼる世界的に有名な小説家であったのだから、その受賞が現実のものになっていたかもしれない。三島事件は、そうでも思わないと救われない。

三島が東大全共闘と対決した年六八歳の羽仁五郎は、時代の風に乗っていた。三島は、トレードマークのタートルネックにブレザーというでたちで、学生の集会なら何処へでも出かけていく精力的なこの歴史学者を評して、

「油断のならないタヌキおやじ」

と蔑んでいたが、羽仁五郎のほうが一枚も二枚も上手《うわて》だった。

常に「革新的」な言説で学生たちを魅了する一方で、羽仁五郎は「口説の徒」、「煽動屋」と一部から呼ばれるようになったのもまた事実で、かつて中曽根康弘がまだ首相になる前、あるテレビ討論会で、羽仁をこう挑発した。

「あなたは学生たちをアジってばかりいるが、自分では何も行動を起こさない。猾いのではないか」

「孔子さまは喋っていただけだ」

羽仁は平然として答えた。

「しかし、孔子さまの言は多くの人の行動の指針となっているではないか。自分を孔子になぞらえるつもりはないが、学者とは元々そういうものです」

そして、止めの一言がスゴイ。

「だいたい僕は、考えて、書いて、喋ることに忙しくて、行動する暇がない」

中曽根康弘が絶句する番だった。

羽仁五郎は五木寛之との対談（『羽仁五郎対談集』）で、いみじくも自分をこう分析している。

〈ぼくが一生学生とつき合っていこうと思ってるのは、青春というものが教えてくれる偉大なものがあるからです。教えてくれるというより、五木くんね、人間というものは、生きていくには青春と何らかのかかわりあいがなければ生きられないものなんだよ。ほんとうに。亀井勝一郎という男が、ぼくのことを特異児童といったことがある。いい年をして子供みたいなことをいう、というんだ。だけど、その言葉くらいぼくに対するほめ言葉はないと思うね〉

羽仁五郎のこうした特異児童性、選民意識・知的精神貴族ぶりなどはどのようにして形成されたのか。それは彼の出自と「五〇歳」のときの生き方とに大きなかかわりがあるようだ。

羽仁五郎は、明治三十四年（一九〇一）に群馬県桐生市で森宗作の五男として生まれた。森家は機織業を営み、桐生で一、二を争う資産家で、五郎が出生した当時は敷地が六百坪あり、父宗作は地元の商工会議所初代会頭や地元銀行の初代頭取をつとめたりした。

森家の男兄弟は揃って秀才だったが、なかでも五男の五郎は天才型で、府立四中から一高を経て、東大法学部に入る。しかし、東大に入ってすぐ彼は、大学を休学してしまった。私がいうまでもなく、東大は昔も今も〝立身出世主義者〟の巣窟である。天才型の五郎には、営々と努力して立身出世を目指す連中とは所詮肌合いが違い、我慢がならなかったのだろう。

彼はさっさとドイツに渡り、ハイデルベルク大学に留学した。そこで大内兵衛、野呂栄太郎といったマルクス経済学者らの知遇を得て、唯物史観に傾注していく。大正十三年（一九二四）にハイデルベルク大学から帰国した彼は、東大の国史科に入り直した。

時代は、大正デモクラシーのあとを受けて、マルクス主義の新しい潮流が澎湃として湧き起こっている。ドイツ帰りの五郎は、在学中すでにクローチェの『歴史叙述の理論および歴史』を訳出して岩波書店から刊行している。その年大正十五年、五郎は羽仁吉一・もと子夫妻の次女説子と結婚、養子に入って森姓から羽仁姓に変わった。

五郎の義父母となった吉一・もと子夫妻は共にジャーナリストの出身で、もと子（旧姓松岡）は明治三十一年（一八九八）に報知新聞社に入って「日本の婦人記者第一号」になった人であり、報知にいた吉一と結婚して退社、『家庭之友』（のちの『婦人之友』）を創刊した。吉一・もと子夫妻の長女（実際は次女）として生まれたのが説子であり、五郎はその説子と結婚、羽仁姓を名乗ることになったわけである。

羽仁五郎の環境は整った。

『現代家系論』で羽仁五郎一家を書いた畏敬する先輩の本田靖春が、いみじくもこう指摘している。

〈この〝親子〟は、キリスト教自由主義とマルクス主義という点では、品種まで折り合わなかったが、残りでは、実の親子ではないかと思うほど、重なり合っている。先見性、反権力

意識、知的選民意識、ブルジョワ趣味、西洋文化崇拝、眼高手低……〉

吉一・もと子夫妻の時代の先見性といえば、やることが凄い。「自由学園」は大正十年（一九二一）四月に目白駅近くの麦畑に設立された。まだ山手線が三十分に一本しか通らなかった時代に、赤銅の屋根を正面、六本の円柱が支える白亜の殿堂が忽然として出現し、人々の度肝を抜いた。

〈それもそのはず、フランク・ロイド・ライトの設計による、当時としては、東京一の超近代的建築物だったのである。

ライトは、旧帝国ホテルの設計者として名を残しているが、先に建ったのは、自由学園の方だった。夕方になると、帝国ホテルの仕事場にいたライトが、無聊を慰めるため、学園にきて、ピアノをひいていたという〉

本田靖春は前掲書でこう明かしている。

「自由学園」の一隅には、当時では珍しかったテニスコートがあり、新婚の五郎・説子夫妻はそこでテニスを楽しんだ。マルクス主義とブルジョワ趣味が何の違和感もなく同居していたわけである。

学者としての羽仁五郎は、昭和四年（一九二九）に三木清、秋田雨雀、蔵原惟人らとプロレタリア科学研究所を結成し、機関紙『プロレタリア科学』を創刊。昭和六年には野呂栄太郎らと共に『日本資本主義発達史講座』を企画し、「人民史観」と呼ばれる羽仁史学の基礎を確立した。

だが、軍国主義に傾斜している当時の日本にあって、「人民史観」は相容れず、羽仁五郎は弾圧も受けている。昭和八年には治安維持法違反によって逮捕された。昭和十九年（一九四四）には中国に渡るが、ここでも翌年に北京で逮捕され、日本に送還された。それでも羽仁五郎は、人民の不屈の抵抗精神を標榜した。このあたりは軟弱な文化人とは違って、筋金の入った硬骨漢で、反権力を貫き通した。私自身は、羽仁五郎に直接取材したことがあり、その折羽仁がみせた傲岸な態度には辟易したが、しかし、この筋金入りの反権力精神はやはり尊敬に値する。

敗戦後、軍国主義が崩壊し、民主主義の時代が到来してからは、もう羽仁五郎の独壇場だった。

彼は自由、平和、民主主義の啓蒙書を次々と執筆し、復員学徒をはじめ青年たちに生きる勇気を与えた。昭和四十三年の学園闘争に先立つ前哨戦で、その意味では羽仁五郎の生き方は首尾一貫している。

そして四六歳になった昭和二十二年（一九四七）四月二十日、第一回参議院議員選挙が行なわれ、羽仁五郎も無所属で立候補した。

羽仁五郎は中野重治、山本有三、奥むめお、藤井丙午といった知名士と共に当選した。やがて参議院の無所属議員らは山本有三らの呼びかけで「緑風会」を結成、無所属百八人のうち九十二人が参加した。むろん羽仁五郎も加わっている。

今は参議院が衆議院のカーボンコピーみたいな存在になっているが、この当時の「緑風会」が果たした役割は大きい。政党にとらわれない職能代表的な性格をもち、羽仁五郎や山本有三のような文化人や旧貴族院議員などが多かったから、「良識の府」参議院の象徴的な存在として重きをなした。

四七歳で参議院議員となった羽仁五郎は、三期連続当選して、昭和四十年（一九六五）まで議員として、平和と民主主義確立のために貢献した。羽仁五郎は、議会人としても有能だったことになる。全ては「五〇歳」のこの参議院議員としての原点から出発し、首尾一貫して最後まで〝良識〟を貫いた。

そして、参議院議員をやめたあと、三年後に著したのが『都市の論理』だった。

4 和解　日大闘争の〝恩讐の彼方〟

羽仁五郎の存在と『都市の論理』に啓発された全共闘運動は、結局、東大闘争が翌昭和四十四年（一九六九）一月十八、十九日の安田講堂攻防戦で終止符をうち、日大闘争は古田会頭の全理事退陣発表を受け入れ、二月十八日に全面封鎖を解除した。

闘いすんで、日がくれて――。

一般の学生たちは何事もなかったかのように大学に復帰し、そして企業社会に吸い込まれていった。六〇年安保世代は、私も含めて、社会からドロップアウトした人が結構多いが、団塊の世代はこの点、かなり〝無節操〟で、羽仁五郎もさぞ拍子抜けしたことであろう。ただリーダーたちはさすがに違っていた。

闘争後、東大全共闘の山本義隆議長は公刊した『知性の叛乱』の中で総括している。

〈ぼくたちの闘いにとって、より重要なことは政治的考慮よりも闘いを貫く思想の原点である。もちろんぼくたちはマスコミの言うように《玉砕》などはしない。一人になってもやはり研究者たろうとする。ぼくも、自己否定に自己否定を重ねて最後にただの人間――自覚した人間になって、その後あらためてやはり一物理学者として生きてゆきたいと思う〉

「五〇歳」を飛び越えた今、山本義隆は予備校の先生をやりながら、その道を辿っているはずである。

日大全共闘の秋田明大議長は、闘争後三月十二日に逮捕されたが、その「獄中日記」になお続く闘争を表明していた。

〈社会は、われわれに黙れといった。諸君達は、真面目に大学を卒業し、就職するのが一番すばらしい生き方であると。ノーノーと叫ぶ私の人間性を自ら圧殺して何がすばらしい人生だ。（中略）日大の正常化？を認める事は、まさに、私の「死」を意味するのである。私の人間性を完全に圧殺する事になるのだ。私は闘う。日大支配体制に。一人でもかまわない〉

秋田明大は保釈されたあと、土木工事のアルバイト、水道敷設工、左官業などにつき、「非転向」を貫き通し、「五〇歳」に達した今も郷里の広島で生きている。

書記長の田村正敏は、その後も大衆運動、市民運動から離れなかった。昭和五十八年（一九八三）四月、北海道知事選挙で横路孝弘・社会党代議士（当時）を〝勝手に応援〟する「勝手連」の組織者として、再び〝時の人〟になったこともある。その後自ら札幌市長選挙や国政選挙に立候補、落選したりした。

私と田村正敏との間には後日談がある。

私が仕事場として借りている新宿区矢来町の家の四軒隣が元日大会頭・古田重二良の邸宅で、現在は孫娘夫婦が洒落た小さな和食店を経営している。インタビューが終わったあと、私がそのことを口にすると、田村がいった。

「是非その店に行ってみたい」

後日、私は田村をその店に案内した。店主は最初、元日大全共闘書記長の田村正敏と知って不快感を示したが、私のとりなしで、あとはお互い〝恩讐の彼方〟である。最後は仲良く写真におさまった。日大闘争後、二十七年の〝和解〟だった。

「これでいいんだよな」

と、田村が呟くようにいった。

日大全共闘―勝手連―市長選……と、たえず世間を〝震撼〟させてきたこの団塊世代の旗手は「五〇歳」を目前にして急逝した。一種の風雲児だっただけに「五〇歳」をどう生きようとしたのか、見てみたかった気が私にはする。

第二章　経営者にみる「五〇歳」

[1]転職　アサヒビール社長「五〇歳」の決断

「五〇歳」をどう生きるか。とりわけビジネスマン、会社人間にとってこのテーマは、その後の人生設計の明暗を分けるだけに、避けて通ることができない。

以前のように終身雇用制、年功序列型企業なら、「五〇歳」からの年齢というのは、それなりのポストと経済的保障を与えられ、定年まで余裕をもって勤められただろうが、今はそんな時代ではない。

いくら三十代、四十代に「モーレツ社員」として働き、会社に貢献してきたと自負していても、いつリストラされ、あるいは子会社に出向させられるか、予測のつかない時代だけに、退職勧奨の肩を叩かれて慌てるようでは手遅れである。一手先を読んで、むしろ自分から積極的に動かなければ、未来はひらけてこない。

アサヒビール名誉会長・樋口廣太郎の生き方をみると、まさにその感を深くする。

平成十一年（一九九九）十二月期決算によると、アサヒビールは、主力の「スーパードライ」が二・七パーセント増の一億八千九百三十万ケースと過去最高の売り上げを記録し、経常利益も三一・三パーセント増の六百六十一億円と、七年連続で増益となった。その結果、アサヒビールは経常利益が、キリンビールを初めて上回り、ここに名実ともにビール界のトップに躍り出た。

樋口廣太郎が昭和六十一年（一九八六）に社長に就任したとき、アサヒは業界三位と大苦戦、〝ガリバー〟のキリンははるか彼方で頂点に君臨していた。それから十三年後、樋口の悲願は達成された。樋口廣太郎は「五〇歳」を過ぎてから転職してきた男だった。それも大手銀行の役員から青息吐息のビール会社の顧問として――。

「僕がきた頃はアサヒビールならぬ〝夕日ビール〟といわれていたからね」

と樋口は、ことあるごとにこういって笑うが、「スーパードライ」の開発とアサヒビールの驚異的な躍進は、日本の戦後経営史に残る大異変の一つとして評価されている。

樋口廣太郎は、もともとは住友銀行に勤務する銀行マンだった。

樋口がこれまで折にふれて語ってきた「五〇歳」までのビジネスマンとしての軌跡は、入行十八年目で堀田庄三頭取（当時）の秘書に抜擢されたことから開花するが、そこまでには曲折がある。

樋口は大正十五年（一九二六）一月二十五日、京都の旧家の生まれで、ノーベル賞の湯川秀樹、貝塚茂樹博士らが卒業した京極小学校から京都市立第二商業（現西京高校）、彦根経専（現滋賀大経済学部）を経て、昭和二十四年（一九四九）三月に京都大学経済学部を卒業している。京大に入るまでにすでに〝寄り道〟をしていた。

「彦根高商卒業時は三菱重工に就職が決まっていたんだが、終戦で取り消しになり、野村証券京都支店（当時の支店長は奥村綱雄＝のち社長、会長）に一日だけ行ったあと野村銀行（現・大和銀行）に半年。たまたま道で会った友人が大学に行くというので、自分も行きたくなって京大を受験した」（『夕刊フジ』昭和六十一年三月二十一日付）

京都大学に入った昭和二十一年当時、全国に学生運動の嵐が吹き荒れていて、樋口もデモの先頭に立ち、二年のときには全国官立学生会議（全学連の前身）の議長に選ばれるほど、学生運動にドップリつかっていた。

そのうち派閥争いに嫌気がさして、もう一度勉強し直そうと決心して運動からは身を引き、西洋思想の原点を研究する。ギリシャ哲学とキリスト教を勉強するにはまず聖書だと思い、西陣のカトリック教会に出入りするようになり、やがて洗礼を受けた。この人は、学生運動の闘士からクリスチャンへ、とまことに振幅が大きい。一見、オポチュニストにも見えるが、本人は、

「私はいったん何かに興味を持つと、はてしなく突進してしまうタチなんですよ」

と、いたって平然としている。

住友銀行に就職して、まわりからは「あいつもついに転向した」などと批判されたが、本人はまるで意に介していない。

「自分で納得ずくで変わったんです。住友を選んだのは、本屋で会社案内を見たら、給料が

よそより高かったという、それだけの理由ですよ。強いて理屈をいえば、モノがあるところに金があり、金の流れが分かれば、世の中の流れがよく分かると思ったからです」

初任地は大阪の梅田支店。日本一忙しいと定評がある支店で、一日の客数が約三千五百人。預金の受付係に配属されたが、「札勘定がニガ手」で、いつも女子行員に頭を下げて助けてもらっていた、と屈託がない。

入行五年目の昭和二十八年（一九五三）から東京事務所の調査部に勤務。先輩にはのちに頭取となる伊部恭之助や磯田一郎らがいた。

調査部は、取引先の企業から業界の実態、さらに日本や世界経済全般について調査するのが仕事で、一流財界人と会うことも多い。小林中（当時・アラビア石油取締役）や永野重雄（同・富士製鉄社長）といった財界の大物の面識を得たのはこの調査部時代だった。

昭和三十八年（一九六三）に東京支店総務課長、三十九年から五反田支店長を務めたあと、四十一年に堀田庄三頭取の秘書に抜擢された。

樋口は、読売新聞の「わたしの道」の中で、銀行時代に一番影響を受けた人として、即座に「堀田庄三」の名を挙げている。

「寡黙な人で、相手の話をじっと聞いて、私みたいにベラベラしゃべりません。それだけにみんな怖かったんと違いますか。仕事に対する集中力が、ものすごいんですよ。一つのことをとことん突きつめ、考えに考え抜いたことを、今思いついたようにさりげなく口に出すんです。

政治家との交際が、池田勇人、佐藤栄作、三木武夫、福田赳夫さんとか、めちゃくちゃに広くて、すごい情報網を持っていました」

こう明かして、樋口が一つの例を語った。

三木武夫が外相の時、「至急会いたい」と電話を掛けて来たことがある。樋口がそれを取り次ぐと、堀田頭取が制した。

「君、こちらから会いに行くのと、来てもらうのとでは立場が違って来る。『頭取はたった今、大阪から着いたので、お目にかかります』とご返事をしなさい。そうすれば先方は『こっちに来てくれ』とはいえなくなる」

樋口はこうした微妙な駆け引きのあやを堀田から教わった。秘書をやったお陰で政財界の大物とじかに接する機会がふえ、ものおじしなくなった。

「人間って立派な肩書がついていても、一皮むけばだれでもそう変わらんかもしれませんよ（笑）」

頭取秘書を三年半、無事に務めあげたあと、樋口廣太郎は、昭和四十八年（一九七三）、四八歳の若さで取締役業務推進部長に抜擢され、五十年には常務に昇進した。樋口は「五〇歳」で、完全に住友銀行のエリート・コースの最短距離を走るようになったといってよい。

だが、「五〇歳」は試練の時でもある。

樋口が常務になった昭和五十年、安宅産業事件が表面化した。安宅産業は総合商社第九位だったが、アメリカの子会社の信用不安から経営が苦しくなり、倒産寸前だったことが発覚した。住友銀行は、安宅産業の主力銀行だったから大騒ぎになった。

「初めて安宅の財務担当者から『うちの会社を助けて下さい』と打ち明けられた時は、体が震えましたよ。住友は百億円ぐらいの損を覚悟で、安宅をつぶすのならこっちも楽なんですが、そんな生やさしい問題じゃないんです。日本経済全体の対外信用が、揺らぎかねない問題になりますから。私は磯田（一郎）副頭取の下で、この問題に専念することになり、もう必死でした。すぐアメリカに飛んで調べたら、すでに全身に毒が回り、どこかの商社と合併させるより手がなかったんです」

昭和五十年、日本経済は不況にあえいでいた。前年、戦後初のマイナス成長をもたらした不況は、五十年に入ると失業者が一挙にあふれて百万人の大台を突破、八月には東証第一部上場企業の興人が総額約二千億円という史上空前の負債を残して倒産した。

翌昭和五十一年七月には、ロッキード事件で田中角栄前首相が逮捕され、日本中を震撼させていた。安宅産業の倒産は、どうしても阻止しなければならなかった。

樋口は奔走していた。昭和五十一年の正月四日、伊藤忠商事に出向いて、事態の重要性を説明し、「何とか合併をお願いしたい」と打診していた。

副社長の瀬島龍三が伊藤忠の内情を低い声で明かした。

「申し訳ないが、今はうちには合併する体力がないんです」

交渉は容易ではなかったが、最後に戸崎誠喜社長が、

「それでは一度検討してみましょう」

といってくれたので、樋口はその一言にワラにもすがる思いだった。

とにかく安宅産業の体質強化をはかるのが先決で、両社はとりあえず業務提携を結び、安宅の新社長には住友銀行から小松康（のちに住友銀行頭取）が送り込まれた。樋口は後方支援役として、役所や金融機関などとの折衝に忙殺されていた。

そして昭和五十二年（一九七七）十月、伊藤忠が正式に安宅産業と合併した。この合併は「伊藤忠が、安宅のおいしい部門だけを取った」とか、「合併の名を借りた安宅解体」などと評され、伊藤忠商事はこの合併によって年間売り上げが七兆円となり、第三位の総合商社となった。

安宅事件をなんとか処理した樋口廣太郎は、昭和五十四年（一九七九）に専務に昇進、五十七年には副頭取まで昇りつめた。五七歳で副頭取というスピード出世記録は未だ破られていないという。

頭取は目前だった。

だが、樋口廣太郎はここで自ら意外な道を選択した。

２発想　ヤル気を出させる意識革命

昭和六十一年（一九八六）一月、樋口廣太郎は、住友銀行副頭取からアサヒビール「顧問」に転職した。全くの異業種への転身は周囲を驚かせた。これはやはり相当勇気のいることで、その決断には凄味を感じる。

しかも、当時のアサヒビールは「夕日ビール」と陰口を叩かれるほど業績が低迷している、いわば〝落ちこぼれ企業〟だった。

当時のビール業界の状況は、キリンのシェアが六三・八パーセントという〝ガリバー型寡占〟状態にあり、次いで〝黒ラベルの生〟でサッポロが健闘し、業界三位ではあるが、アサヒは、〝大衆うけ〟する新製品を次々に繰り出しシェアアップするサントリーにも追撃されて、一人苦戦していた。

大住友銀行の副頭取がなぜそんなアサヒビールに飛び込んだのか。当時は、磯田一郎会長から再建を頼まれ、それを引き受けた、という形になっていたが、実際は違う。樋口本人が希望したのである。

樋口が前出の「わたしの道」で初めて明かした真相はこうであった。

昭和六十年の暮、樋口はあるゴルフ場で磯田一郎会長とバッタリ出会った。ゴルフの帰り道、磯田が口にした。

「うちの銀行が面倒をみた会社は、みんなうまく再建されたけど、残るのはアサヒビールだけや」

思わず樋口がいっていた。

「そんなら私が応援に行きましょうか」

「行ってくれるか。そうか、ありがたい。実は、いい人を寄こしてくれと頼まれているんだよ」

話はアッという間に内定した。

あるいはこれは磯田の巧妙な仕掛けに、樋口が過剰反応してしまったのかもしれない。しかし、むろん樋口にも彼なりの思惑はあったのである。

「副頭取になって二年半ぐらいたって、四年先輩の小松（康）さんが新頭取に就任された。それで、『ああ、そう長くここにはいられないな』と思ったのは事実です。それに入社して間もなく東京支店の貸し付け業務をやっていたとき、アサヒビールを担当していたので愛着もありましたし」

アサヒの主力銀行は住友で、アサヒのテコ入れに住友から三代続けて社長が送り込まれていた。樋口は四代目となる。昭和六十一年四月、樋口は前任の村井勉に代わって、アサヒビール社長に就任した。

当時、かつては三六パーセントあったシェアが一〇パーセントを割っており、決算対策上二年に一度ぐらい会社の土地を売っては穴埋めをしていた。東京地区の目玉だった浅草の吾妻橋工場も売却してしまい、残っている四百坪（約千三百平方メートル）の土地も売る寸前という有りさまである。

樋口がまずやるべきことは、会社の企業戦略の立て直しと社員の意識革命だった。

「もう土地は売らん。そんなことをやってはジリ貧だ。それよりうんと儲けて、前に売った土地を早く買い戻そう」

これで社員の士気がだいぶ上がった。

アサヒビールに来た当座、樋口は専用車もなくて、銀行の車を借りていた。社長室もない。金がかかるので社長就任パーティもやらなかった。毎月十億円単位で赤字がふえていた。何よりも驚いたのは、社員が自社のビールを飲んでいないことだった。

社員研修の席でも、社員が平気でいっている。

「マズくて飲めないから、あとでどこかで飲み直そう」

樋口はあきれ、激怒した。

「バカなこというな。キミら、それを売ってるんやないか。そんなことでアサヒビールが売れるか」

樋口の凄いところは、ライバルのビール会社のトップに、

「ビールのことは何も知りません。経営の秘訣を教えて下さい」

と、頭を下げて回ったことである。

キリンの小西秀次会長が指摘した。

「アサヒは同じ所からばかり原料を買って、少しも進歩がない。しかも高い」

サッポロの河合滉二会長は、ビールの鮮度について教えてくれた。

「おたくは売れないから、ずっと古いビールばかり置いている。ビールというのは生きているんだよ。古くなったビールはいつまでも店頭に置いていてはあかん。フレッシュ・ローテーションでやりなさい」

確かにビールがおいしいのは生産して三ヵ月間で、それ以上たつと味がおちる。アサヒは古いビールを平気で売っていた。それでは人気が出るはずがない。

樋口は決断した。会社に帰ってすぐ指示を出した。

「店頭に並んでいる古いビールを全部買い戻して処分してしまえ！」

前代未聞の荒療治に社内も業界も目をむいたが、樋口にいわせれば、これは商品用語で「損切り」というトップの決断だった。

「三井物産の八尋（俊邦）さんから教わったんですが、相場で損を出したら、出血が大きくならないうちに思いきり決済して、スキッと出直すことが大事なんですよ。損切りをやったことで、古いといわれていたうちのイメージが、その後はいつも新鮮だという評判が浸透して、気分を一新して再建に取り組むことができたんです」

ビール廃棄には一年半分くらいの利益が吹っ飛んだが、社員は燃え上がった。ビールを廃棄処理場に流すとき、幹部を両側に立たせて樋口は吠えた。

「いかにもったいないかちゅうて泣け！　悔し涙で泣け！」

こうした悪戦苦闘の中から、起死回生の「スーパードライ」が生み出され、市場に躍り出た。「苦みをおさえて、スカッとした爽快感のあるビール」、それが「スーパードライ」を作る上でのコンセプトだった。

ビールの技術屋が一人前になるのは、大学を出てから七、八年だという。そこで樋口は、「新製品の開発については、入社八年以上の技術者なら、重役と同等の発言力がある」と宣言して、若い技術者のヤル気を引き出し、上下の垣根を取り払った。そこから世界初の辛口ビール「スーパードライ」が誕生した。

昭和六十二年（一九八七）三月に発売された「スーパードライ」は、目標の十三倍という驚異的な伸びをみせ、アサヒのシェアは、一気にサッポロを抜き、そしてついにキリンの牙城をも抜いた。まさに奇跡は起きた。

私にいわせれば、樋口廣太郎の見事さは、アサヒビール再建のサクセス・ストーリーばかりではない。引き際の美学も潔い。

樋口は社長就任時から「六年で勇退する」と公約し、こう宣言してきた。

「自分も含めて四代続いた住友銀行からの輸入人事はストップし、次の社長にはアサヒ生え抜きを起用する」

そして平成四年（一九九二）八月三十一日付で、公約通り瀬戸雄三副社長に席を譲って会長に退いた。さらにアサヒが経常利益もキリンを追い抜いた十二月期決算が発表された平成十二年（二〇〇〇）二月十八日、樋口は三月三十日付で名誉会長職にはとどまるが、取締役を退任すると発表した。経営の第一線からは退き、今後は財界活動などに専念する意向だという。

いつまでも会社にしがみつき、「老害」と批判される経営者が多い中で、樋口廣太郎の引き際の潔さは、自分の社内的地位にいつまでも執着しなかった住友銀行時代の「五〇歳」の生き方からきているのではないか。

樋口は「五〇歳」でエリート・コースの最前線にいながら、惜し気もなくその地位を捨て、未知の異業種に転身し、そして成功した。そこには会社に全面的に頼るのではなく、積極的に自分の人生を開拓しようという挑戦意欲がある。これはやはり敬服に価する。

団塊の世代が今必要としているのも、そういうチャレンジ精神だ。会社に生き残るためにはどうしたらいいか、樋口廣太郎の指摘は示唆に富んでいる。

「こういった時代に、組織が個人のために何かしてくれるはずだ、といった淡い期待、受け身の姿勢で、人は本当に幸せになれるのだろうかと感じてるんです。たとえば、会社が住宅を含めて家族まで面倒を見てくれるんだと、本気で会社の善意を信じているのはいかがなものか。会社依存の姿勢、そこには最も重要な『個』が欠落してしまっているのではないですか」

これは『日刊ゲンダイ』紙上で語った言葉だが、樋口は「自分主役型に発想を改めよ」という。

「(今は) 組織のために何ができるか、そして自分は自分のために何ができるかという、自分主役型の思考が必要とされると思います。受けのバランスではなく、〝攻めに回った組織と個人のバランス〟という新しい関係を考えなければならないでしょう。

組織に埋没せず、組織の中で自分の生かし方を知っている社員が、残る社員ということなんでしょうね」

3変種　元バリトン歌手から社長へ

転職といえば、ソニー会長の大賀典雄は、きわめて特異な経歴を持つ。

大賀典雄がソニーの社長に就任したのは昭和五十七年（一九八二）九月、五二歳のときだったが、大賀は知る人ぞ知るバリトン歌手で、それも天才的音楽家である。

昭和二十八年（一九五三）に東京芸大音楽学部を卒業、同専攻科を経て、ドイツに留学、三十二年にベルリン国立高等音大声楽科を首席で卒業した。

すでに芸大三年のとき、NHK交響楽団のソリスト募集に応募して合格、バリトン歌手としての将来を嘱望されていた。ドイツに留学中の三十一年には、ベルリンで開かれたモーツァルト二百年祭国際コンクールで、見事入賞を果たしている。三十二年に帰国したあと、二期会オペラの主役に抜擢され、『フィガロの結婚』では伯爵の役を演じて好評を博した。

歌曲ではシューベルトの『冬の旅』を得意とするバリトン歌手が、わずか五二歳で〝世界のソニー〟の社長に就任したのだから、さまざまな〝大賀神話〟が生まれるのも不思議ではない。

たとえば、その神話の数々――。

「大賀が芸大の学生時代、ソニー（当時はまだ東京通信工業）は芸大の音楽試聴室にオーディオ機器を納めていた。その機械にあれこれ注文をつけたのが大賀で、メカへの精通ぶりに盛田昭夫が驚嘆し、以来目をかけた」

あるいは、

「芸大の学生の頃、いきなりソニー本社を訪れて、同社が開発中のテープレコーダーに厳しい注文をつけ、盛田専務（当時）の知遇を得るようになった」

盛田は、大賀のメカへの精通ぶりもさることながら、学生にしては押し出しの立派さ、物おじしない態度、論理の明快さ、相手を納得させる説得力などに瞠目して、

「キミは将来、絶対に優れた経営者になれる資質を持っている。是非ソニーに入社してほしい」

と、ソニー入社を誘ったという神話である。

だが、大賀本人が、

「いやあ、芸大の学生のほうが話が面白くなるから、みなさんがそう書いただけですよ」

と笑い飛ばして、事実は違う、とインタビューなどで否定してみせた。

実際は、ソニーの機器に注文をつける前から、すでに「井深、盛田両氏とは懇意だった」

という。そこに西田嘉兵衛という井深大の親戚が仲介者としてからんでいた。

大賀典雄は昭和五年（一九三〇）一月二十九日、静岡県沼津市の生まれ。父・正一は材木輸入商で、戦前、仏領インドシナに出店を持ち、幅広く商売をやっていた。妻・としとの間に二男二女の子供をもうけ（典雄は次男）、留守家族は沼津の高級別荘地、千本松原に居を構え、そこで生活していた。千本松原は戦前、東京に住む政財界人の別荘があった風光明媚なところである。

大賀家の隣は、東京で一、二といわれた糸問屋、西田嘉兵衛の別荘だった。西田嘉兵衛は井深大の遠縁にあたる。西田はのちに東京繊維商品取引所理事長を務める。井井深大はまだ海のものとも山のものともつかない中小企業の経営者の一人にすぎない。井深が海軍時代に知り合った盛田昭夫とソニーの前身である東京通信工業を設立したのは昭和二十一年（一九四六）だったが、井深は会社を設立するとき、西田に出資を申し込んだ。西田は、資本金十九万五千円のうち二万五千円を出資した。

加藤仁の「大賀典雄――超自信男にも意外な弱点」（『現代』昭和五十五年二月号）という一文によると、のちに西田嘉兵衛と芸大から帰省していた大賀との間でこんな会話が交される。

〈「こんど東通工という会社が録音機をつくるそうだ」

「録音器メーカーには、少くとも三種類の振動数を聴きわけられるぐらいの人間がいなければダメですよ」
「じゃ、紹介状を書くから、井深さんに会ってみてくれ」〉
これがソニーと大賀を結びつけた最初の会話だった。

その後、大賀はソニーに出向き、

「大学で使えるテープレコーダーはこうあるべきです」

と、自ら具体的にスケッチを描いて、アドバイスをしたという。

「ワウ・アンド・フラッターについてはこれ以下でないと使えませんよ、とか、使い勝手を良くするにはここにノブがあるべきだ、ここにこんなスイッチが、とデザインまで含めて、大胆に仕様書を書いて出したわけですよ」

これは大賀が別の取材で内橋克人（経済評論家）に語った言葉だが、井深大─西田嘉兵衛─大賀典雄とつながる人脈が生じて、ここで大賀とソニーの両首脳が結びつくことになった。


大賀は前述のように東京芸大を出たあと、ベルリン国立高等音大声楽科に留学するが、そのときはソニーの嘱託社員の身分になっていて、毎月「破格の給料」をもらっていたというから、並の留学生活ではない。

大賀には、東京芸大の同期生のピアニスト松原緑という恋人がいた。卒業後、大賀はベルリンに、彼女はウィーン国立アカデミーに留学した。「デートはヨーロッパで」というから、当時の留学生としては経済的にも恋愛関係でも恵まれた環境にあった。

帰国後、二人は昭和三十二年十一月に結婚した。声楽家として、将来を嘱望された活躍を始めた頃、大賀は盛田昭夫（当時専務）から呼び出しを受けた。

会うなり、盛田が相談をもちかけた。

「もう少し、会社を手伝ってくれないかな」

「何をすればよろしいのですか」

「うーん、もう少し、いろんな意味でね、手伝ってもらいたいんだよ」

盛田はそう約束を取り付けるだけで、そのときは具体的な仕事の話は出なかったが、それ以来また「月給」という形で毎月金が届いた。「ホント、ありがたい会社もあるもんだ」というのが、その頃の大賀の本音だった。

二年後の昭和三十四年（一九五九）春、盛田から呼ばれ、今度は具体的な使命を受けた。

「すまんが、ちょっとヨーロッパに行って、用を足してもらえんかな」

大賀にとって、ヨーロッパは勝手知ったる地である。英語、ドイツ語もお手のものだ。命じられた用件を何なく果たし、あとは旅行気分で旅を続けていると、タイミングを見はからったように盛田が姿を現わした。そのまま今度は合流して、当時の最高速客船『ユナイテッド・ステーツ号』で、ヨーロッパからアメリカへ渡った。

その船上で、盛田が口説きにかかった。

「大賀君、キミは音楽家としてやれば、音楽家として大成するだろう。だが、経営者としてやれば経営者として、キミはもっと大成するはずだ。一流の経営者になるには、しかし十年は努力がいる。今から始めれば、十年しても、キミはまだ四〇歳だ。うちの会社に入ってくれ」

大賀は国際的な声楽家になる夢を抱いている。そのときは「こっちの耳からこっちの耳へ」と聞き流した。

盛田は諦めなかった。帰国するとすぐ、今度は赤坂の有名な料亭に、大賀を緑夫人と共に招待した。料亭では盛田夫人も待ち受けていた。

盛田が単刀直入に切り出した。

「キミをソニーに部長として迎え入れる。来てもらいたい！」

ここまで懇請されたら断ることはもうできなかった。かくて大賀典雄は昭和三十四年、ソニー第二製造部長として入社した。二九歳だった。盛田の執念が実ったことになる。それにしても一度「この男」と見込んだら、取り込まずにはおかない盛田の経営者としての才腕は、やはり想像を絶するものがある。天才的な経営者は天分を見抜く力を持っているということか。

盛田が惚れ込んだだけのことはある。大賀はのちにこう胸を張っている。

「ソニーのデザイン、製品というものはこういうものである、という伝統というものを作り上げたのは私です」

それを可能ならしめたのは盛田の全幅の信頼だった。

「ソニーのデザインが気に入りませんねえ。こんなの世界に通用しませんよ」

と大賀がいえば、盛田が即座に決断する。

「ああそうか。それならキミ、自分でデザインを考えてみてくれ」

「こんな広告じゃ売れません。もっとスマートなものでなくちゃ、若者の心はつかめませんよ」

と大賀が注文をつければ、盛田がけしかける。

「そうか、じゃ、キミ、広告部長やれよ」

大賀製造部長はアッという間にプロダクツ・プランニング、デザイン、広告と、三つの部門を兼務する「三冠王部長」になった。

急成長するソニーの〝若きプリンス〟として、大賀は存分に実力を発揮し、盛田の期待に応えた。こういう上司を持った部下は幸せというべきだろう。そして部下も昇龍となって会社に貢献する。大賀典雄は三四歳の若さでソニーの重役となった。大賀神話の始まりだった。

4 栄光〝世界のソニー〟社長は「五〇歳」から

大賀典雄は、昭和四十三年（一九六八）、三八歳でCBSソニー専務、四十五年に同社長となり、実績をあげていった。

そして昭和四十七年（一九七二）に本社常務、同四十九年に専務となり、五十一年に副社長兼ソニー商事社長に就任した。まさに天馬空を行くというか、昇龍の如き勢いで、マスコミからは「ソニーのプリンス」、「ミスター・ソニー」と呼ばれていた。副社長になったときはまだ四六歳である。

副社長は六年間務めることになるから、大賀典雄は「五〇歳」を〝天下のソニー〟の総帥、盛田昭夫の腹心として迎えたわけだ。

副社長時代の仕事ぶりがいかに凄いものか、加藤仁が前出の一文で、こんなエピソードを披露している。

昭和五十四年（一九七九）三月、大賀典雄がヘリコプターの墜落事故で背骨をへし折り、都内の済生会病院に運び込まれた。全治三ヵ月の重傷だった。

大賀は、ギプスを装着した上に、包帯でグルグル巻きにされ、ベッドで身動きのできない絶対安静の身だった。普通の患者なら観念してじっとして回復を待つところである。

大賀にはそんな余裕は許されなかった。翌日には、病院側がしぶるなかで、病室に直通電話が引かれ、専属の秘書が常駐し、またたく間に即席のオフィスができてしまった。

枕元の電話が鳴りひびく。大賀はベッドに寝たまま電話で指示を送っていた。

「新型ステレオの開発は？　そう、順調だな」

「化粧品は絶対、成功させたい」

「カリフォルニア・オレンジの件は？　そうか、結構」

「〝夢追い酒〟は好調だね」

といった調子である。

重傷の身でも仕事をこなさなければならない男にしているのは、加藤仁によれば、秘かな指令が出ていたからだ、という。その指令の主は盛田昭夫で、盛田が部下に厳命していた。

「あの男を休ませて、ボケさせちゃいかん。仕事はどんどん持っていけ」と。

むろん大賀が若くして次々に要職に抜擢され、今またソニー本体の副社長に昇進したのは、誰もが認めざるを得ない実績を積み重ね、会社に利益をもたらしているからだった。

たとえばCBSソニー時代。この子会社は、ソニーが米CBS社と合弁で設立したレコード会社である。昭和四十三年に設立されたとき、展望は必ずしも明るくなかった。ビクター、コロムビアといった名門会社が幅をきかせている業界だったからである。

そのCBSソニーを、大賀は専務として、そして社長として、業界のトップに育てあげた。昭和五十三年度の実績で、CBSソニーは、ビクター、コロムビア、東芝EMIの、いわゆる〝レコード界御三家〟を抜いて、年間売上高三百八十億円の実績を誇っていた。CBSソニーの成功は、大賀の強烈な個性と経営者としての豪腕によっている。

加藤仁が指摘している。

〈レコード販売店に集金にいかず、代金は銀行に払い込ませる。返品を仕入れの一〇パーセントしか認めない。従来のレコード会社と異なり専属の作詞家、作曲家をおかず、新譜はマトを絞って他社の十分の一しか出さない。そして、フォーリーブス、カルメン・マキ、郷ひろみ、天地真理、浅田美代子と徹底したヤング路線を突っ走った……。業界の因習を破る経営方針を打ちだして、これを強引に貫いたのだ〉

五割配当、無借金経営。親会社のソニーに対しては配当金だけでなく、経営指導料として売り上げの一パーセントを上納している。

さらにCBSソニーは、余った資金で、ロサンゼルスの郊外にレモン園を買収、「サンキスト」のブランドで日本にも輸出している。またソニー・クリエイティブ・プロダクツはフランスの化粧品メーカー三社と提携して生産を委託し、「センシィティブ・レディー」のブランドで発売している。

大賀は経営者として並々ならぬ才腕を示して、盛田に〝恩返し〟をした。盛田の目に狂いはなかったわけだ。

大賀の「五〇歳」は、卓越した経営者であると同時に、華麗な人生をエンジョイしている。趣味は飛行機とヨットの操縦で、自家用操縦士免許を取得して、世界中を飛び回る。外国の企業トップでは珍しくないが、日本の経営者にはこういうセンスを持った人は数えるほどしかいない。さすが〝世界のソニー〟のトップにふさわしい。

乗るのは「得意先の会社が提供してくれるジェット機」か、自社機の「ファルコン10」(双発ジェット機)。「むろん商用ですが、世界中の主な空港はほとんど離着陸した」というから本格的である。

ヨット歴も古く、逗子にある「芦名ヨットクラブ」の会員で、愛艇は全長三十フィートの『クレール・デ・リューン』号。ドイツ語で「月の光」という意味で、むろんドビュッシーの名曲の名をとって命名した。

料理も得意で、特にトン汁、鯛のカブト煮、ビフテキが上手とか。「ヨットの中でトン汁を作ることもある」というから、国際的なスケールの経営者のイメージとトン汁という家庭の味が妙にミックスしているところが人間くさくておもしろい。

「いよいよエースの登場」

という声のもとに、大賀典雄がソニーの新社長に就任したのは昭和五十七年（一九八二）九月四日である。五二歳の若さで〝世界のソニー〟のトップとして君臨することになった。ソニーは井深大、盛田昭夫、岩間和夫と社長が続き、大賀典雄は四代目社長になる。ソニーには米国流に最高経営責任者（ＣＥＯ）の制度があり、最高政策決定者は引き続き盛田昭夫会長が務めるから、大賀は社長といっても実質的にはまだナンバー2である。

井深大引退のあと、ソニーの経営は、最高責任者である盛田会長が方針を決定、岩間和夫社長がこれを実践するという形で進められてきたが、その岩間が八月に病気で死去した。九月四日、東京・築地の本願寺で執り行なわれた岩間社長の告別式に、フォーレ作曲の『レクイエム作品48』のテープが流れた。これは九年前、大賀がＣＢＳソニー社長を兼務していたとき自ら出したレコードから選曲したもので、まさに元バリトン歌手の本領を発揮した演出だった。

ソニーの社長交代劇については、家電業界で「ソニーも新たな時代を迎えた」という声が多かった。

今さらいうまでもなく、ソニーは、天才的な技術者、井深大と経営戦略と営業にたけた盛田昭夫が「二人三脚」となって、〝町工場〟から〝世界のソニー〟に育てあげた会社である。井深大は、早大理工学部在学中に「光るネオン」を発明、これがパリ万博で優秀発明賞を受賞したほどの天才技術者だった。一方、愛知県常滑市で三百年続く造り酒屋の長男として生まれた盛田昭夫は、音楽が好きで蓄音機に熱中、大阪大学理学部では物理学を学んだ。そして第二次大戦中、軍用技術の研究をしていた井深と出会ったのが、二人にとって生涯の転機になった。

井深と盛田は、昭和二十一年、ソニーの前身である東京通信工業を創立したが、「大会社のできないことをやり、技術の力で祖国復興に役立てよう」という進取の気風を謳った設立趣意書は有名である。つまり、

「人のやらないことをやる」

という井深の信念から発したソニーは、テープレコーダーの開発を機に本格的な発展をとげ、昭和三十年には世界に先駆けてトランジスタラジオを発売、その後も家庭用VTRをはじめ数多くの独創的な製品を世に送り出してきた。

井深を補佐し、ソニーの経営面を担当したのが盛田である。ソニーは発足当初から輸出依存度が高く、海外マーケティングを強力に展開することで発展したが、その海外戦略をリードしたのが盛田だった。

トランジスタラジオの交渉相手に、

「SONYブランドでなければ米国市場では売らない。ソニーという会社、SONYというブランドを世界中に通用させてみせる」

という盛田の強い信念がなければ、〝世界のソニー〟にはなり得なかったろう。

昭和三十五年（一九六〇）に米国ソニー設立。盛田は三十八年には家族を連れてニューヨークに赴任。独得のジャパニーズ・イングリッシュで幅広い国際的な人脈を広げていった。元米国国務長官ヘンリー・キッシンジャー、指揮者のヘルベルト・フォン・カラヤンなどとの交流は有名である。

そして盛田昭夫が、井深大のあとを継いで社長に就任したのは昭和四十六年（一九七一）五月、まさに「五〇歳」ちょうどの歳であった。

盛田はすでに副社長時代に『学歴無用論』を出版して、出身校で人を評価する風潮を批判するなど話題にもこと欠かなかったが、その根底にあるのは国際的視野と感覚を備えた合理主義で、自分の信念をもって発言した。

たとえば、社長になってからも、昭和六十四年（一九八九）に石原慎太郎（現・東京都知事）と共同執筆した『「NO」と言える日本』などもその一つで、「米国はテン・ミニッツ（十分）先しか見ていない」と批判し、米国の反発を招いたこともある。しかし、国際的に発言、行動する財界人として、盛田が「日本の顔」の一人であったことは誰しもが認めるところである。

若者文化を変えたとまでいわれた「ウォークマン」が発売されたのは昭和五十四年（一九七九）六月だった。団塊の世代が「三十代」に入った頃で、「ウォークマン」を愛用しなかった若者たちは珍しい。これも盛田が、若い技術者の力を結集し、世に送り出した賜物だった。

しかし、井深大のあと、国際派社長として君臨してカリスマ性が増せば増すほど、盛田ワンマン体制だけでは乗り切れない時代の変化というものがある。

エレクトロニクス技術が進歩し、メーカー間の技術格差が縮まってくると、ソニーといえども先行メーカーとしてのメリットも薄れてくる。エレクトロニクス時代に不可欠の半導体部門では、量産効果の大きい日立などの大手外販メーカーの前にどうしてもコストの面で不利にならざるをえない。

そうした時代の変化の中で、ソニーも盛田ワンマン体制から、新しい時代に即応した体制づくりを急ぐ必要があったのではないか。その点、盛田にとって〝秘蔵っ子〟の大賀典雄はうってつけの後継者だった。なにしろ新しい国際的な感覚と人脈を持ち、すでに経営者としての実績もあり、ソニー本体に貢献しているのだから、大賀の社長昇格は盛田の強い意志のもとで決定したとみるべきだ。

そして奇しくも、盛田が「五〇歳」で社長になったように、大賀も「五〇歳」のときには次期社長が確実視されており、そしてその二年後にそれが現実のものとなった。

社長に就任したときの大賀典雄の抱負は、いかにも音楽家らしいものだった。

「社長は指揮者と同じです。カラヤンは『指揮者に大切なものは、各人の能力を最大に発揮させる力だ』という。同じ気持ちで社長を務め、SONYの四文字が築いたイメージを大事にしていきたい」

こうして盛田―大賀の新体制がスタートしたが、大賀もまた天才型の経営者で、歯に衣《きぬ》を着せぬ言い方をするので、部下のほうがたじろぐことが多かった。

前出の加藤仁が、こんな例を明かしている。

ある日、大賀をはじめ、ソニーの経営幹部らが出席して、商品ラインナップ会議を開いた。三、四ヵ月先に売り出す予定の製品についての会議で、担当の音響事業部長が製品の説明をすると、大賀が途中で口をはさんだ。

「音響出力が足りないな。他社のモノと同じでは商売にならん。もっと出力のあるものにせよ。計画を練り直したらどうか」

この期《ご》に及んでの計画の手直しは、製造ラインの生産計画まで狂ってしまう。担当部長が、再度説明した。

「時間的に、今からでは修正は無理です」

そのとたん、大賀がさっと席を立った。

「それなら、こんな会議をやるのは無意味だ。私は失礼する」

とりつく島のない大賀の態度に、座がすっかり白けてしまったという。

また大賀は、自分の発言がさほど重要性を持たない会議などでは、飛行機やオーディオなどに関する原語の技術書を平気で読んでいた。このあたりはやはり部下の顰蹙《ひんしゅく》を買うだろう。

大賀は、盛田といえども言いたいことは平然と口にした。ある社内会議の席上で、大賀が盛田に面と向かっていった。

「盛田会長は細かいことに口を出しすぎます。もう少しおっとりしていたほうがいいですよ」

あとで盛田が苦笑したという。

「自分だって同じことをやっているのに、ああして僕をいじめるんだからね」

むろん、これは盛田と大賀の厚い信頼関係があってのことだろう。

五十代の若き大賀社長がやった仕事で特筆されるのは、昭和六十四年（一九八九）にアメリカのコロンビア映画（現ソニー・ピクチャーズエンタテインメント）を五百億円で買収したことである。

このコロンビア映画の買収は、社内では慎重論が大勢を占めたが、盛田会長の強い希望で大賀が決断したといわれる。この買収劇にはアメリカからも反論が渦巻いた。

「ソニーはアメリカの魂を買った」

すると盛田が昂然と再反論した。

「それなら魂を売ったほうも問題ではないか」と。

この大型買収によって、ソニーは創業以来中核事業に据えてきたエレクトロニクス機器事業、いわゆるハード部門だけでなく、映画、音楽などのソフト部門も主力事業となったが、しかし、経営管理上の問題があり、巨額の損失を出した。一説には「三千億円以上の損失処理」とも噂され、これは大賀の「傷」ともなった。

だが、大賀体制が揺らぐことはなかった。

盛田は功なり名をとげ、平成三年（一九九一）に勲一等瑞宝章、五年には英国王室から名誉大英勲章を授与されるなど世界的な名声も得た。財界活動でも名をなし、次期経団連会長の有力候補になっていたが、そのさなか、平成三年十一月、不幸にも脳内出血で倒れ、以来、八年間の闘病生活を余儀なくされ、平成十一年（一九九九）十月三日、入院先の済生会中央病院で逝去した。七八歳だった。

盛田が病に倒れてからは、大賀が「天皇」的な存在になっていった。大賀の社長時代は十三年余に及んだ。

5 抜擢 十三人抜き社長の「五〇歳」

アサヒビールの樋口廣太郎の勇退は引き際が潔かったが、ソニーの大賀典雄の交代劇はさらに劇的だった。

平成七年（一九九五）三月二十三日、各紙朝刊がこう報じた。

「ソニー社長に出井常務 十三人抜きの大抜てき」

新聞は、大賀典雄が会長に就任、出井伸之常務が社長に昇格する四月一日付のトップ人事を驚きをもって大々的に伝えていた。

後任社長をめぐる社内外の見方は、技術陣のトップである森尾稔副社長が順当とされていただけに、予想外の抜擢人事にソニー社内はむろん、業界、経済界も驚きの色を隠せなかった。

むろん、これは大賀の社長としての最後の決断だった。出井伸之、五七歳である。

大賀は記者会見で、出井を選んだ理由をこう述べている。

「技術に関して勘が働くだけでなく、これからは世の中がどういう方向を向いているか読める人でなければいけない。出井新社長は、音楽、映画、ゲームなどソフト事業を引っ張っていける人物で、最低七、八年は社長をやってもらわなければならない」

そして、同時に自らの「院政」も強調した。

「出井君がいきなりやれるとは思わないし、それを過剰に期待するのは酷だ。私は第一線から身を引くわけではなく、CEO（最高経営責任者）として経営にあたる」

病気療養中の盛田にこの抜擢人事を伝えたら、盛田もびっくりしていた、という裏話まで大賀は明かし、創業者の盛田昭夫も驚く後任社長人事であることを披露した。

出井伸之は前年六月に常務になったばかりで副会長に就く橋本綱夫副社長以外の四人の副社長、六人の専務、序列の上の三人の常務の合わせて十三人を飛び越えての大抜擢で、初代の井深大から数えて五代目のソニー社長に就任した。

出井伸之は、昭和十二年（一九三七）十一月二十二日、東京生まれ。早稲田大学政経学部教授だった出井盛之の末っ子（二男三女）で、成城学園中学校時代はバイオリンに熱中していた。

「二年上に指揮者の小沢征爾さんがいて、彼らとカルテットを結成したんですよ。私はバイオリン、小沢さんは編曲とピアノを担当していたけれど、当時から天才ぶりを発揮していましたね。私は才能の限界に気がついて、音楽は早々にあきらめました」

出井はインタビューなどでこう語っている。

早稲田大学政経学部を昭和三十五年（一九六〇）に卒業して、同時にソニーに入社、外国部に配属された。

面接の相手は、井深大、盛田昭夫の両創業者。出井が熱弁をふるった。

「米国のビジネスをやる人はいるでしょうが、私はヨーロッパに行ってソニー製品を広めたい。私のようにヨーロッパの専門家も採ったほうがいいんじゃないですか」

この売り込みで、大歓迎された。出井の作戦勝ちだった。

「だれもがアメリカに行きたい、と言っていましたから、そちらを志望すると競争が激しいと思い、ヨーロッパへ、と言ったんです。いまでいうならスキ間の部分を狙ったというのか、一も二もなく入れてもらえました」

出井が雑誌『財界』に明かした作戦で、入社して一年目は倉庫で輸入したプリント基板の仕分け。間もなくフランス駐在となり、昭和三十八年（一九六三）から四十七年まで、欧州での営業に従事、ソニー・フランスの設立を準備した。フランス時代は、盛田社長（当時）らが欧州入りすると、真っ先に駆けつけ、アテンドした。井深、盛田、大賀と、歴代トップに直接仕えたのもこの時期である。フランスでは、学生たちがド・ゴール大統領の政権を揺るがせた「五月革命」も、自分の目で目撃した。

帰国して昭和五十三年（一九七八）、海外営業部の一課長からソニーの中でも名門のオーディオ事業部長に大抜擢された。このポストは、設計の出身者が就く技術のトップともいえる要職で、文科系の人間がなるのは初めてだった。時に出井は四〇歳である。

オーディオ事業はこのとき成熟していて、すでに不況に入りかけていた。事業部長として、採算の悪化した工場の転換、CDプレーヤー一号機の完成などを手がけたあと、コンピュータ事業部長、レーザーディスク事業部長などを経て、昭和六十三年（一九八八）にホームビデオ事業本部長に就く。このときやった最大の仕事は、トップを説得して、ベータからVHSへ転換をしたことだった。

ソニーは、ベータとVHSの戦争で陣営作り、OEM戦略などに失敗して敗北、ベータからは撤退した。それでもソニーはVHSビデオの技術特許の多くを持っていたので、VHSに大転換できた。この実現のため、出井は事業部長として、ライバルの松下電器産業に出向き、臆することなく、技術の指導を求めている。たいした度胸というべきだろう。

その心臓の強さ、鼻っ柱の強さは、時として物議をかもした。そして、出井はトントン拍子に出世したわけではなく、左遷された経験も持っている。

スイスに駐在していた頃、出張でやってきた大賀（当時は取締役）と、フィールドスキップという技術の販売方法をめぐって大論争となった。その後、出井はフランスへの赴任を申し渡された。明らかな報復人事だったという。

それでも出井は上司を恐れたりはしない。その後、昭和五十八年（一九八三）に、まだ役員でもない出井が大賀社長と怒鳴り合っているのを目撃されている。

佐々木実が書いた「出井伸之ソニー『新人類CEO』はこう作られた」（『現代』平成十一年十二月号）によると、当時、出井はコンピュータ関連機器などを扱うMIPS（メディア・インフォメーション・プロダクツ・アンド・システムズ）事業本部の副本部長で四六歳。パソコン事業に進出しようとしていた出井は、試作品を大賀に見せに行った。それに対して、大賀が注文をつけた。

「家庭用なら、後ろにAC電源を付ける必要がある」

オーディオ製品の標準サイズである三五五ミリ幅で設計されていた試作品は、注文通りにすると大きくなってしまう。社長の大賀は婉曲にパソコン事業への参入に反対したのだった。

ところが出井は意に介さず、注文通りに仕上げた試作品を再び社長室に持ち込んだ。そこでこんな大激論となる。

〈「商品には決められたサイズというものがあるんだから守らないと駄目じゃないか。これは三六五ミリもあるからだめだ」

「そんなことといっても、大賀さんがおっしゃった通りにしたら、このサイズになったんじゃないですか」

二人の議論は平行線をたどったまま、次第に白熱し、怒鳴りあいへと発展していく〉

結局、出井の主張が通り、ソニー製のＭＳＸパソコンは店頭に並んだ。出井は左遷など恐れていない。自分の信念を貫く勇気がある。それはよほど自分に自信がなければできないことだ。しかし、その信念を貫いたとき、上司が「オヤッ、この男はなかなかやる」と見直すチャンスも出てくる。ここにソニーの活力の秘密、「出る杭《くい》」を求める人材活用の懐の奥深さがある。

「五〇歳」を迎えたとき、出井はまだ役員にはなっていない。出井が役員に選任されるのは平成元年（一九八九）、五一歳のときである。それから五年後に常務になり、そのわずか十ヵ月後には十三人抜きで社長になった。「五〇歳」を過ぎてからはアレヨアレヨの三段跳び出世だった。

大賀は社長、会長の在任が約十八年、平成十年五月からは経団連副会長も務める。大賀の経団連副会長就任に合わせて、出井がＣＯ－ＣＥＯ（共同最高経営責任者）になり、徐々に「権力継承」が進んでいることが内外にもはっきりした。

出井伸之が社長に就任した時点で、八百五十三社からなるソニーグループの平成六年度のグループ連結売り上げは三兆九千二百億円が見込まれ、グループ全体で社員は約十三万人。出井が社長に就任してからのソニーの業績の回復はめざましい。

前出の佐々木実が示している。

〈ソニーは九七年三月期連結決算で五年ぶりに過去の最高益を更新した後、さらに九八年三月期では最終利益が二千二百億円となり、二期連続の最高益更新となった。

九五年夏以降の円安と、プレイステーションの爆発的ヒットという大きな要因に支えられたとはいえ、平面ブラウン管テレビ「ベガ」や、ノートブック型パソコン「バイオ」などのヒット商品を次々と市場に送り込み、ソニーの完全な復活を印象づけた〉

盛田昭夫、大賀典雄、出井伸之──この三代のソニー社長が「五〇歳」のときにどんな立場にあり、どう仕事をしたのか、それが社長の椅子につながっていることがよくわかる。

とにかくソニーの社長人事は、日本を代表する国際的企業だけに、いつも世間の注目を浴びる。この五月八日に開かれた臨時取締役会では、新たなトップ人事が内定、六月二十九日の株主総会とその後の取締役会で正式決定する。

それによると、出井伸之は会長兼最高経営責任者（CEO）となり、副社長の安藤国威が社長兼最高執行責任者（COO）に昇格する。安藤新社長は五八歳。そして大賀典雄会長は代表権のない取締役会議長に就く。

欧米式の責任体制にならった新布陣となり、ここにもソニーの革新性をみることができよう。

第三章　〝テレビ御三家〟の分岐点

1 寵児「青島だあー」

「あ、お呼びでない。これまた失礼いたしました」

と、植木等が場違いな場面にズッコケた姿で登場してナンセンスな笑いをふりまき、谷啓が独得の身ぶりで「ガチョーン」といえば、ハナ肇や桜井センリ、犬塚弘らが大仰にのけぞる。果ては、台本作家の青島幸男まで飛び出して、

「青島だあー」

『シャボン玉ホリデー』(日本テレビ)が始まったのは昭和三十六年(一九六一)六月だった。日曜日の夕方六時半から始まるこのミュージカル・バラエティ・ショーには、ザ・ピーナッツ、ハナ肇とクレージー・キャッツがレギュラーで出演し、この番組から沢田研二と布施明がデビューした。構成を担当していたのが青島幸男、前田武彦らである。

一方、NHKでは土曜夜十時の『夢で逢いましょう』が四月から始まっていた。中嶋弘子がホステス役をつとめ、黒柳徹子、三木のり平、渥美清らがコントを演じ、永六輔、中村八大コンビで作る「今月の歌」からは数々のヒット曲が誕生した。坂本九が歌って大ヒットした『上を向いて歩こう』もその一つで、作詞永六輔、作曲中村八大、歌坂本九は〝六八九ト

リオ〟ともてはやされた。

永六輔の作詞能力は抜群で、第一回レコード大賞（昭和三十四年）で水原弘の『黒い花びら』がグランプリを獲得したが、これも作詞永六輔、作曲中村八大コンビだった。

少し遅れて、昭和四十年（一九六五）になると『11PM』（日本テレビ系）が十一月からスタート、大橋巨泉が登場してくる。四十四年には、番組が全てスポットCM的なナンセンス・コントで構成される『巨泉・前武ゲバゲバ90分！』（日本テレビ系）も始まり、また、こんな奇妙なCMも一世を風靡した。

「みじかびの　キャプリキとれば　すぎちょびれ　やれかきすらの　ハッパふみふみ――わかるね」

わかるようでわからないこのCMは、巨泉によるパイロット万年筆エリートSのCMで、ポップワードと呼ばれた。こうしたCMを面白がれるか、「何だこれは」と顔をしかめるかが、世代の断絶の象徴のようにいわれたものだ。むろん若者たちの間ではすぐにこれが受け入れられた。巨泉流にいえば、「やったぜ、ベイビー！」である。

青島幸男、永六輔、大橋巨泉は、テレビ揺籃期の〝御三家〟だった。私はテレビ大好き人間で、テレビは時代を映す鏡だと思っているから、この〝御三家〟のことは知っているつもりだ。むろん、テレビとともに成育してきた団塊の世代にとっては、彼ら〝テレビ御三家〟の華々しい活躍ぶりが、自分たちの成長の節目とどこかで重なっているはずである。

日本における「テレビ元年」は昭和二十八年（一九五三）、団塊の世代第一陣（二十二年生まれ）が六歳のとき、小学校に入学する前年である。この年の二月一日、NHKが午後二時から放映を開始した。最初の映像は、開局祝賀式の模様と菊五郎劇団の舞台中継などだった。この時点の契約数はわずか八百六十余で、銀座においた街頭テレビに人々が群がって、興奮していた。

民間テレビ第一号は、正力松太郎が八月二十八日に開局した日本テレビで、日本最初のテレビ・コマーシャル（CM）が流れた。CM第一号は、服部時計店（精工舎）の時報スポットの予定だったが、手違いがあり、三秒足らずで中止されてしまった、と記録にはある。

テレビ時代が到来したのは昭和三十四年（一九五九）からで、この年は四月十日の皇太子明仁（現天皇）と正田美智子（現皇后）ご成婚を目前に、まず一月十日のNHK教育テレビを皮切りに、二月一日に日本教育テレビ（NET、現テレビ朝日）、三月一日にフジテレビと毎日放送が開局して、それぞれ本放送を開始した。

メーカーは、どうせ買うならご成婚をわが家のテレビで、ということで販売合戦を過熱化させ、消費者もそれに刺激されて、ご成婚の一週間前には受信契約が二百万台を突破した。ご成婚のパレードの生中継がテレビの普及を促進したのである。それが六〇年代のテレビ文化隆盛の幕開けだった。

フジテレビは開局と同時に、『おとなの漫画』をスタートさせた。これは毎日昼の十二時五〇分から五五分までの五分間、生放送するもので、当初、作家陣にはキノ・トール、永六輔、三木鮎郎の三人を迎えていたが、番組開始早々、三人が番組を蹴ってしまう。生放送で骨身を削る思いなのにギャラが安かったからであろう。ピンチヒッターとして急遽起用されたのが二六歳の青島幸男だった。

青島幸男は昭和七年（一九三二）七月十七日、東京・日本橋の弁当屋の次男として生まれた。「弁菊」という弁当屋は、日本橋界隈では知られた店だった。青島は典型的な商家の次男坊として成育し、早稲田大学法学部に入った。

大学時代に結核を患う。病の床でラジオばかり聴いていた。まだ当時はラジオの時代である。漫才を聴きながら、この程度ならオレにも書ける、と思い、早速一編の漫才の台本を書いて、その頃人気のあったリーガル千太・万吉に送った。幸いにも採用されて、このコンビの座付作者となる。やがてラジオのディスク・ジョッキーの台本も書き始め、寝ながらにして十万円を稼いだ。

「ボロイ商売があるもんだわい」

行く道は決まった。病気が治り、大学を卒業したときには本職になっていた。そして今度は始まったばかりのテレビの世界、『おとなの漫画』のコント作家である。

『おとなの漫画』は、月曜日から金曜日までの毎日、その日の朝刊に載った話題をもとに即座にショートコントに仕上げて生放送するもので、毎日がネタと時間との戦いである。神経をすり減らす仕事ではあったが、青島はテレビの未来とテレビの影響力に賭けた。

青島は、担当のプロデューサーに、一つだけ条件を出した。

「脚本料は安くていいから、自分の名前をテレビに出して下さい」

自己顕示欲は、青島の最も特徴的な資質であり、以後の人生も、この自己顕示欲の発露というべきであろう。

青島は『おとなの漫画』でテレビの仕事を始めたとき、まだ海のものとも山のものともわからないのに、ハナ肇にこう公言していた。

「オレは今、こういうのを書いているけど、本当は小説家になりたいんだ。いずれ直木賞を取って、それから参議院議員になって、末は文部大臣になるんだ」

ハナ肇とクレージー・キャッツもまだ世に出たばかりで、将来の見通しもたたない時代だったから、青島の夢物語を「あいつ、何いってやがるんだ」と馬鹿にしていた。のちに青島が本当に参議院議員に当選したとき、ハナ肇が感激して電話をかけてきたという。

「お前、いうだけじゃなかったんだなあ。やったなあ」

それを可能にしたのはテレビの威力と影響力の凄さだった。

時代はテレビとともに歩き始めていた。

初の天覧試合となった昭和三十四年六月二十五日の巨人―阪神戦(後楽園)で、四対四の九回裏、巨人の長嶋茂雄が終生のライバル村山実から劇的なサヨナラホームランを放ったシーンは、テレビを通じて全国の茶の間を熱狂させた。〝国民的ヒーロー〟となる長嶋はテレビが生んだといってもいい。

青島は、『おとなの漫画』をテレビの原点として、やがてハナ肇の紹介で日本テレビに移り、『シャボン玉ホリデー』に放送作家として加わることになった。昭和三十六年（一九六一）のことで、巷には、石原裕次郎と牧村旬子がデュエットした『銀座の恋の物語』やフランク永井の『君恋し』（この年のレコード大賞受賞曲）や村田英雄の『王将』が流れていた。その一方では、『シャボン玉ホリデー』がスタートすると同時に、渡辺プロダクション、いわゆるナベプロによって、ポップス系の若いアイドル歌手たちが次々とテレビから生まれていった。

渡辺プロダクションの隆盛時代の凄さは、団塊の世代なら身をもって知っているだろう。青島もあるインタビューでこう語っている。

「クレージー・キャッツがいて、水原弘、森進一、ザ・ピーナッツがいて、中尾ミエ、伊東ゆかり、園まりの〝スパーク三人娘〟が売り出され、キラ星の如くスターというか、アイドルが揃っていて、何をやっても当たるんだよ。映画は当たるし、歌はヒットするし。そのうち著作権業務もタレントの斡旋も始めて、興行も映画も自分のところで全部プロデュースするようになった」

そこから飛び出したのがクレージー・キャッツの植木等で、『スーダラ節』が大ヒットした。作詞したのは青島だった。翌昭和三十七年になると、植木人気は爆発し、『五万節』、『ドント節』、『無責任一代男』、『ハイそれまでヨ』、『これが男の生きる道』、『ショボクレ人生』と出す曲全てが大ヒットし、〝無責任男〟が世にはばかった。いずれも作詞青島幸男、作曲萩原哲晶コンビが生んだコミックソングだった。

『ニッポン無責任時代』といった映画が、東宝と渡辺プロで次々と作られ、調子がやたらによくて無責任なサラリーマンの平均《たいらひとし》（植木）が上司を上司とも思わず、奔放にふるまっているうちに出世してしまうという痛快な物語に、人々は笑いころげた。

日本は、二年後（昭和三十九年）の東京オリンピックに向けて、高度経済成長期に入っており、モーレツ社員が幅をきかせていたが、それをシャレのめすパロディのような〝無責任男〟に喝采を送っていたのだから、余裕も生まれ始めていたのである。

「植木等のあの野放図な雰囲気がたまんないよね。高度成長になって、年功も序列も家柄も学校の成績も出身校も関係なく、オー、モーレツっていう感じだね。実力主義がどんどん幅をきかす時代だから、あの植木のキャラクターが生まれたんだよ」

青島は、テレビというメディアを自家薬籠中のものとして、フルに活用した。テレビドラマも書くようになり、それに自ら主演した。『泣いてたまるか』や『意地悪ばあさん』も始まった。

『意地悪ばあさん』は、『サザエさん』と並ぶ長谷川町子の代表作であり、主人公の意地悪ばあさんの小気味いいイタズラの数々が茶の間の人気を呼んだ。ここにも生真面目な正義感やモラルを揶揄する青島のパロディ精神が汪溢していた。

青島の行くところ可ならざるはなし。昭和四十一年（一九六六）に「脚本、監督、主演、音楽」を全て一人でこなした『鐘』という映画を作り、カンヌ映画祭に出品すると、批評家週間入選（聞いたことのない賞だが）を果たし、これがまたマスコミで騒がれるという仕末である。

すっかりマスコミの寵児となっていた青島幸男は、昭和四十三年（一九六八）にひょいと参議院議員選挙に立候補を表明した。

その当時、青島は中野ブロードウェーの上にあるマンションに妻の美千代と住んでいた。美千代は実の兄の婚約者だった人である。青島の立候補は冗談半分ともとれ、マスコミが殺到した。私もその頃、週刊誌の記者をしており、取材に駆けつけた。

それこそ青島の計算通り、思う壺だったろう。青島が私ら記者の前でニヤニヤ笑いながらいった。

「選挙なんか今までしたことないからわかんないけど、オレ、当選するんじゃないの」

この年の第八回参議院議員選挙は、女性の投票率が初めて男性を上回った選挙で、結果は自民党六十九名、社会党二十八名、共産党四名。そして全国区では、石原慎太郎が最高得票で当選し、青島幸男、今東光、横山ノックらが上位当選を果たした。タレント議員が続出し、今にして思えば、ここから日本の潮流が変わった。そして青島幸男本人の生き方も……。

第八回参議院議員選挙は、漫才師が議員になったことから「ノックショック」ともいわれ、石原慎太郎が「体制内改革」と称したことも流行語となったが、この三人がのちに青島都知事、横山ノック大阪府知事、そして石原慎太郎が青島のあとの東京都知事になったことをみれば、この選挙はのちの日本の政治変革を考える上で、大きな潮目の変わりの時期であったことには間違いない。このとき青島幸男は三五歳。学園闘争を経て、企業にもぐり込んでいった団塊の世代なら、まだせいぜい第一陣の出世頭が課長になった程度である。

そして、これら団塊の世代が、学園闘争に挫折したあと、依然として牢固とした旧体制や既成政党に幻滅し、支持政党なしの「無党派」になり、以後、日本の選挙は、これらの「支持政党なし」、浮動票、不満票が大きな意味をもつこととなった。そういう意味では、この昭和四十三年の第八回参議院議員選挙の動態はもっと検証して然るべきである、と私は考える。

2 受賞「五〇歳」で直木賞

「政党の支配下に、その存在意義を失った参議院を良識の府として再建する……。

　七〇年の安保など重要な問題を目前にしているこの重大な時期に私は参議院を本来の姿に立ち返らせたいとの願いをもって無所属から立候補しました」

　青島幸男は、選挙公報にこう書いたが、正真正銘、彼がそう政治的信念を固めていたのかは疑わしいし、有権者にしても、その公報を信じて、青島に投票したわけではあるまい。そこでは選挙はファッションと化した。つまり人気投票である。その母体は、学園闘争を体験し、挫折し、その結果、旧体制への嫌悪感を内蔵したまま、旧秩序社会へ入らざるをえなかった団塊の世代、あるいは新聞などよりテレビ文化、週刊誌文化を第一次情報源とするようになった若年層、女性層であった。その流れは今も変わらず、それらは浮動票と呼ばれるようになったが、かつてべ平連の活動家で評論家にして、私の畏兄でもある小中陽太郎の『日本国会にとって青島幸男とは何か』によれば、こういうことになる。

〈無意識な層――というのは単純な政治不信、無力感、既成政党への不信感、既成政治への絶望、無責任……いろいろなものの混合だろうが、いずれにせよ、現在ある日本の、目の前の「狭義の政治」に絶望している人たちである。

しかし、かれらは、実は、狭義の日本の政治――汚職、お手盛り歳費、税金、公害――に失望しているだけでなく、実は、もっと深いもののあらわれなのではないか。――議会制民主主義への不信〉(『潮』昭和四十三年十二月号)。

今読み返せば、性急なものいいだが、確かに当時は、団塊の世代なら生々しく甦ってくるだろうが、アメリカにおいては四月に黒人指導者として敬愛されたキング牧師が暗殺され、六月にはロバート・ケネディ上院議員が兄ケネディ大統領の暗殺（一九六三年）と同じ非運に倒れ、ドプチェク政権での「プラハの春」は、ソ連の軍事力によって葬られ、日本では依然として、第二次大戦のA級戦犯岸信介の保守の流れをくむ弟の佐藤栄作首相が自民党臨時大会で三選され、幹事長には、のちにロッキード疑獄で逮捕される田中角栄が起用された。

学園闘争を経験した団塊の世代からみても、世の中何も変わってはいないのである。既成政党・既成政治への不信がますます増幅され、浮動票、不満票が青島幸男、横山ノックらへ向かったのは、もしかしたらこれは戦後最大の政治パロディ、〝お遊び〟だったかもしれない。

しかし、私にいわせれば、パロディ人間、ギャグ人間のはずの青島幸男が、それをパロディと理解しなかった、あるいは理解する感性を欠いてしまったことが、その後の青島の不幸につながったともいえる。テレビ人間、茶の間を過剰に意識した政治的パフォーマンスなど、所詮はいっときのアダ花に過ぎない。

昭和四十六年（一九七一）三月二十九日、参議院予算委員会で、青島幸男が政治資金規制問題で質問に立った。持ち時間はわずか七分間である。パフォーマンス型人間、テレビ型人間の青島は、効果を最大限に計算して、佐藤首相に対し、

「政府は財界の男メカケだ」

と発言した。いわゆる「男メカケ」問題である。

たちまち衆をたのむ政府側は、「国会の品位を傷つけた」として、青島議員の懲罰騒ぎを起こした。各新聞には大々的に報道され、青島のパフォーマンスは、国会でも健在だった。

つまり、青島は「確信犯」だったわけで、青島はこのときのことをのちに『太陽』（平成六年四月号）のインタビューでこう語っている。要約する。

「半年くらい前から想は練ってたね。いうべきことを推敲を重ねて文章にしてね。最初は質問のかたちで投げかけといて、最後に、結局あなたは財界の走狗じゃないか、財界のちょうちん持ちで男妾であることを認めたほうがいいって言い方しちゃおうってプランを立てていた」

「それをいったらオレは刺されるかもしれないとかいろんなことを考えて、あの当時で一億

円の保険に入っちゃったもんね。掛け捨てにしとけばよかったのに女房が欲かいて、何年か積み立てると戻ってくる、いまでいう普通の傷害保険みたいのにかけていたから、後々ずっと支払いに困ったけどね」

「それで、いよいよ出掛けるという日にはすべて新調した服に身を包んで、もしかしたら戸板に乗って帰ってくるかもしれないぞって言い残して出て行った。吉良の仁吉だよ、まるで。興奮したよ。予算委員会に出て時間が近づいてきた日にゃ、もうヒザがガクガクしてきて止まらないんだよ。時の総理は九年目で、閣僚を従えてデカイ顔してるわけだよ。こっちはまだ三八歳の若僧だからね。でも、刺されるかどうか知らないけど、いうだけのことはいおうと思って、ま、予定通りいっちゃったわけだ」

そして青島は誇らし気に語っている。

「四月の予算委員会だったから、そのあとスタジオに行く途中、千鳥ヶ淵の桜がばーっと散ってね、気分はすっかり遠山の金さんだよ。やった！　もう死んでもいいってほんとに思った。各紙いっせいに書き立てたしね、一面トップで」

青島は、国会では市川房枝らと共に二院クラブで活躍、市川亡き後は同クラブのリーダーとなった。

参議院議員としての青島は、選挙に目の色を変える他の議員からすれば、羨ましい限りの「選挙運動ゼロ」で再選を重ねていく。二期目の昭和四十九年（一九七四）の選挙中は海外旅行に出かけ、三期目の五十五年の選挙は自宅に籠りっきりという具合で、六十一年の四選も楽勝だった。

そうした青島を支えていたのは、既成の政党や党利党略がらみの議員たちに拒絶反応を示している、いわゆる無党派層の人たちであり、かつて全共闘時代に反権力の旗を掲げ、そして挫折した団塊の世代や女性層である。

彼らは、「何もしない」青島へ投票することで、既成の政治家たちを拒絶した。

前出の小中陽太郎によれば、その意義は決して軽くはない。

〈「何もしない」ことへの期待――というのは、つきつめて行けば「いまある体制」への否認ということであろう。

その意味で、私は石原慎太郎とはまたちがった、よい方の意味で、青島への期待は、議会制民主主義の否認票だと思う。こういっていいすぎなら、少なくとも、従来あったところの「自分たちが、いまのままの形で、議会の主権者だ」というあやまった認識を放棄したことを意味する。大衆社会状況の指導民主主義政治下にあって、私たちに何ほどの政策立案ができよう。

その時、いまある体制に対して、何もしない、ということは、私たち民衆に出来る最大の抵抗ではないか。そう考えてみれば、青島への票は、けっして人がユーモラスに面白がるほど簡単なものではないはずだ〉（前出・『潮』）

何もしない参議院議員の青島幸男は、その間に一篇の小説を書いた。『人間万事塞翁が丙午』（新潮社）という小説で、これが何と昭和五十六年（一九八一）に直木賞を受賞してしまうのである。『おとなの漫画』のコントを書いているとき公言した直木賞受賞と参議院議員という夢を、あっさりと掌中にしてしまうあたり、やはりタダモノではないのだろうが、しかし、青島の受賞を知ったとき、私は正直いって、「これはデキすぎじゃないのか」と思ったほどである。直木賞を受賞したとき、青島は「五〇歳」を目前にした四九歳だった。青島は、そのあと『蒼元に翔ける』、『極楽トンボ』といった本も出しているから、青島の「五〇歳」は参議院議員と作家の二股生活だったわけだ。

ちなみに、青島が『人間万事塞翁が丙午』で直木賞を受賞した昭和五十六年は、不況に強いといわれてきた出版界だが、この業界も戦後最低の成長率となり、ついに構造不況入りした年である。

青島に「不可能」という文字は存在しないようだった。

平成七年（一九九五）、青島は参議院議員の任期を残して、都知事選に立候補し、これもあっさり当選してしまった。例によって、選挙運動はしない。最大の公約は「世界都市博の中止」、「破綻した二信組支援の拒否」、「臨海副都心の見直し」の三つである。

「ボクの政策を理解してくれれば当選間違いなし。都民を信用しているよ」

と青島は自信たっぷりだったが、結果はまさにそのとおり。大阪では横山ノックが当選し、ともに「無党派の勝利」といわれた。

私は青島知事、横山知事登場に愕然とした。日本はとうとう〝狂って〟しまったと思った。即製政治家には何も期待しないにしても、これじゃパロディ以外の何者でもないではないか。

しかし、一人だけ陽があたり続けるということが許されるはずがなかった。青島知事が就任丸二年を迎えた平成九年（一九九七）、『変節の人』（飛鳥新社刊）という〝青島告発本〟が出版された。書き出しが強烈である。

〈青島は最低の都知事になってしまった。この書は、いわば青島幸男という希代のペテン師への鎮魂歌《レクイエム》でもある〉

著者の矢崎泰久は雑誌『話の特集』（平成七年廃刊）の編集長だった人で、かつては青島らと革新自由連合（革自連）を結成した、いわば同志であり、中山千夏参議院議員の秘書をつとめ、公私ともに青島をよく知る一人である。

矢崎は、青島の公約破りをこう批判した。

〈信組への二百億円支出で事実上公約を撤回した上、都市博中止についても陳謝してしまった青島は、もはや都の官僚の言いなりの無責任知事に成り下った〉

この告発本は、矢崎だけでなく、井上ひさし、永六輔、大橋巨泉なども登場して、具体的かつ辛辣に青島批判を展開しているからタダゴトではない。

井上ひさしは、「個人的な恨みはない」と断った上で、直木賞受賞の内幕をこう明かしている。

井上ひさしは、ある夜、赤坂のホテルに呼び出されて、青島に会った。青島がいった。

「このままで終わるのは淋しい。小説家になりたい。直木賞が取れたら死んでもいい……」

井上ひさしは青島に協力する破目になった。

〈当時、私がもっとも信頼していた編集者を紹介しました。いい編集者の第一条件は口が固いこと。ですから、その編集者は私には具体的なことはなに一つおっしゃらなかったけれども、横で見ていると、青島さんの原稿にずいぶん手を入れていた〉

直木賞受賞作品は、実は優秀な編集者の手直しがあったというのである。私があのとき感じた予感はやはり当たっていた。それでいて、受賞したあとは、青島はその編集者にも井上ひさしにも直接連絡をしようとはしなかった。

〈「あ、直木賞も通過点の一つにすぎなかったのか」

と思いました。やっぱりそのへんが若旦那なんですね。新しいオモチャを手に入れると、すぐ次のオモチャが欲しくなる。都知事もひょっとするとオモチャの一つかもしれない〉

同じく放送作家として、テレビ界を創成期から支えてきた大橋巨泉はさらに辛辣だ。

〈青島は参議院で行き詰まっていた。この辺でパフォーマンスが欲しかった。そこで落選承知で都知事に立候補したのである。この男は選挙運動をしないので、金はかからない。供託金が返ってくるくらいの得票は計算できる。

だから「都市博中止、二信組救済に都民の税金は使わない」とカッコ良い公約をバンバン掲げた。今考えると「全くやり得」の悪事であったが——。今や「官僚の男メカケ」になり下ってしまったわけだ〉

放送作家としては先輩にあたる永六輔もバッサリ切り捨てた。

〈よくない。あの人は最初っから同じ。決断力に欠けるし、意識も低い。タレント議員の功罪があるけど、青島は功が無い。場当たりでウケることしかやらない〉

中山千夏といえば、『お昼のワイドショー』（日本テレビ）で青島のアシスタント（他に八代英太）をつとめて以来、青島の〝妹分〟的な存在であり、青島の自作映画『鐘』にも出演し、ついには青島と同じ参議院議員にもなった。しかし、革自連の問題で、中山千夏—矢崎泰久コンビと青島幸男が対立し、中山千夏でさえ「無責任青島幸男氏への怒り」（『文藝春秋』昭和五十八年七月号）を書いて、青島と訣別した。

〈あなたは「あらゆる面で革新を追求する」という原則を持つ革自連が、「革新」の名をあからさまにかかげる革自連が、いとわしかった。あなたには理解できない平等な協力関係をとり結び、傲然と慣習に打ちかかる女と男が、邪魔だった。いや、怖かった。

せっかく無色透明の良識の鑑に、「革新」の色がつくから。あなたへの保守の支持が減るだろうから。少数派になったら大変だから。違いますか、「青島サン」〉

皮肉にも、青島は「何もしない」ことが、今度は都民からも見捨てられる結果になった。無党派からの支持も急落し、都知事再選を断念、代わって石原慎太郎が新知事として登場した。こちらは「都から国を変える」と何事も挑戦的で、早くも大手都銀に対する外形標準課税を先行導入して、ヤル気十分である。同時に「三国人」発言にみられるように、相変わらず〝危うさ〟もあり、中国蔑視も隠さない。私は石原知事も支持する立場にはない。

大阪では横山ノック知事が、ワイセツ行為で辞任するという最悪のスキャンダルでこれまた失脚。青島といい、ノックといい、若いときからの人気と栄光が、「五〇歳」を過ぎてからいっぺんに消し飛んでしまった。私がまだ学生だった六〇年安保の頃、清水邦夫が『真情あふるる軽薄さ』という時代を鋭くえぐった戯曲を書いて若者たちを刺激したが、テレビのコント作家出身の青島幸男は、所詮は「無責任きわまる軽薄さ」以外の何者でもなかったということだ。

3 非凡　永六輔の父は「一級の市井人」

るのではないか。

永六輔を好きか、嫌いか、という単純な問いを発すれば、その評価は恐らく半々に分かれ

私自身、はっきりいって、若い頃の永六輔はあまり好きになれなかった。あの甲高い声で早口でぺらぺらとまくしたてられると、聞くほうとしても妙にリズムが合わず、むしろ生理的な拒否反応が起きて、鳥肌がたった。それにたいしたことでもないことを文化人ヅラしてしゃべるのもイヤだった。

ある時期、永六輔は「男のおばさん」と陰口を叩かれていた。すると、彼はすぐにそれを逆手にとってみせた。

「ぼくは〝男のおばさん〟って意識で仕事をしてるわけじゃないですよ。でも、〝男のおばさん〟というのは主婦に親近感を与えて安心させておいてズバズバ意見していくことができるわけですね。

ぼくの言ってること、やってることはだいたい人様の読みかじり、聞きかじりなの。で、ぼくに情報を与えれば、ぼくがラジオなりテレビなりで言ってくれるだろうという信頼感があるわけ。ぼくは〝皆様のカナリヤ〟、〝皆様のスピーカー〟って感じ。その意味の信用があるから、小学生からおじいちゃんおばあちゃんまで、資料を提供してくださるんですよ。この情報を受けるのでは、ぼくは誰よりも多いですよ」

「昔、柴田錬三郎（作家）に〝マスコミの寄生虫〟といわれたけど、そうなるとぼくは一生

懸命、寄生虫について調べるわけ。財団法人目黒寄生虫館で、寄生虫の中にも貴重な寄生虫がいることを調べて、眠狂四郎を逆手に斬り返すわけ」

ざっとこんな調子のしゃべりで、時にはへりくだってみせながら、自己を正当化する術にたけている。

「話をするということでいうと、小沢昭一さん、黒柳徹子さんといった人と比べたら話芸も話術もないと思うのね。どちらかというと淀川長治さんの系列に入るんじゃないかしら。正統さからも雄弁さからもほど遠いの。放送が言葉遣いを変えるということもあってね、主婦相手にものをいうときは女言葉なのね。それによって抵抗を感じさせない。放送の世界で猛猛しい男言葉で長く続いているって聞かないですしね」

私は週刊誌の世界に長くいたから、これらの永語録も『週刊現代』(昭和五十五年十一月十三日号)の「データバンクにっぽん人」から再録したが、あの甲高い声でまくしたてる永六輔の顔が目に浮かぶようだった。

が、あるときから私は不意に永六輔が好きになったのだから不思議である。

それは、老・病・死をテーマにした永六輔の『大往生』(岩波新書)がベストセラーとなり、彼がまたあちこちの雑誌などにしゃしゃり出てきてしゃべった記事の中に、ふと彼の母親が作った俳句を読んだからである。

老僧の足に落葉の音を掃く

身にしみて晩年の計たたぬまま

その俳句は永六輔の父親（つまり母親の夫）が亡くなったあとに詠んだものということだった。その記事は『SOPHIA』（平成六年七月号）の「父を語る」というタイトルで、永六輔は父の生涯を語り、母の献身を語ったが、その言葉が今度は素直に私の中に溶け込んできた。私も父を亡くしたあとだったせいかもしれない。

永六輔の父親・忠順は、東京・浅草の最尊寺《さいそんじ》の住職で、卓越した見識をもつ人格者と称えられながら、無名に徹して九〇歳の天寿を全うした。息子が追憶している。

「無名人ということに関しては、本当に無名人でした。誰かを押しのけて出てくるとか、自分の名前だけが第三者に評価されたりすることには、とても警戒していました。無名であること、埋没することに徹していましたね。つまり、それが長生きの仕方だったわけですから。無理をして仕事をするということは、まずない人でした。

僕、反対で目立ちたがりでしょ（笑）。人を押しのけて前に出るでしょ（笑）。ああはなれないですね」

永六輔によると、こんな父親だったらしい。

「小さい時からうちの兄弟は父に子供扱いされたことがないんです。言葉遣いで言えば、

『あなた』であったり、『……さん』であったり。『そこの新聞をとってくれ』とか『外、掃除しろ』とかいうのが普通の親子関係だとすると、我が家では『おそれいりますが、もしよろしかったらそれを取っていただけますか』とか、『あなたにここを掃除していただけると、私はとてもありがたい』とか、そういう言い方なんです」

息子の六輔は、五人兄妹の三番目で、本名は永孝雄という。息子はやがて市井に徹した父親の凄さを知る。

「僕らにとっては親父ですから、そう見ていませんでしたが、いろんな宗派のお坊さん、例えば松原泰道さん、無着成恭さんもそうだし、みんな親父のことを大事にしてくださっていたので、偉い親父なんだ、偉い坊主なんだということが、途中からわかってきましたね。

学識とか学僧とか、坊さんの世界にありますが、そういう人達が、仏教哲学、インド哲学を、父はインド哲学ですけど、勉強に来たり、お父さんにお会いしたいという方がずいぶん来ましたね。僕は静かな親父しか見て育ってきてませんから、なぜ？　と思いましたね」

「京都の立派なご住職がいるお寺に行っても、『あなたのお父さまは……』と言われちゃうんです。浅草の小さな寺の住職でいながら、『知る人ぞ知る』人だったんだということを後からずい分知らされました。

僕は一つやっても十ぐらいやったふりをするでしょ（笑）。父は十やっても一もやっていない顔をしていた」

永六輔は、そんな父親を「一級の市井人」と称した。父・忠順の生きる上での哲学は、「無理をしない」、「静かに生きる」、「借りたら返す」というものだったが、無理をしない静かな生き方が、あまり体の丈夫でなかった父親に天寿を全うさせたともいえるだろう。そこにはむろん母親の献身がある。

「家族中がよく九〇歳までもったという思いがありますからね。母にしてみれば、二〇代の頃から病気とケガで、ひどい交通事故に二度もあっていますし、救急車で運ばれたことも何度もありますから、そういう意味では『お疲れさまでした』と言えるだけの大往生なんですね。

父がそうしたかったように自然に死んでいただこうという母の対応が見事でした。死んでいく父よりも、その父の見送りをきちんとやった母の方が印象深い」

私は、永六輔の原点をここにみた。

世の中に観光坊主や欲ボケ坊主は掃いて捨てるほどいる。そういう坊主どもがはびこり、そうした生臭《ぐさ》坊主の氾濫から、一般の市井人が幻滅して、宗教離れしたともいえる。

しかし、世の中には「聖僧」とあがめられる僧侶もまた実際に存在する。私自身、知命を過ぎてから、「生と死」の問題を宗教的（というより「こころ」の）問題として考えるようになり、『生き仏になった落ちこぼれ』（講談社）という本で、一人の聖僧の話を書いている。最澄が比叡山にひらいた天台宗には、千百年来連綿として伝えられてきた「千日回峰」

という荒行があるが、この荒行を二度ともやりとげた酒井雄哉という阿闍梨の物語である。一度だけでも生死を賭けた行なのに、「千日回峰」を二度も満行した僧は、織田信長の元亀の叡山焼き打ち以後の記録をみても、四百年間にわずか三人しかいない。むろん戦後は酒井阿闍梨が初めてである。

天台宗の教えに「忘己利他」というのがある。

「悪事を己に向え、好事を他に与え、己を忘れ他を利するは慈悲の極みなり」

最澄は、悪しき結果をみたときは自らの責任として、至らざるを反省し、良き結果を全て他の人に与え、自分の我欲は忘れて(捨て去り)、世のため人のために尽くす人こそ、真に慈悲の人である、と諭した。

「千日回峰」とは、ひたすら己れの罪障消滅を願い、激しい修行をすることによって「不動明王」の化身となって生まれ変わり、人々の幸せのために尽くす行である。人々の安寧《あんねい》や幸福を願ってわが身を捨てて荒行に打ち込む、こういう聖僧も現実に存在するのである。

私自身、仏教には深い関心があるから、永六輔の父・忠順の生き方も素直に首肯することができる。永六輔の最近の著作をみても、『親と子』、『夫と妻』(いずれも岩波新書)というように「家族」、「家庭」のあり方というものを軸においている。それは現代の日本人が見失ってしまったものだ。家族崩壊、夫婦崩壊は相手への思いやりの欠落から始まる。こんなことはわかりきった話だが、今の日本にはそれらの崩壊現象が蔓延している。永六輔はそれに対して警告を発する。それは何も彼の専売特許でも何でもなく、永六輔の育った家庭環境から自然に発した言葉なのである。それがわかったとき、私は初めて永六輔を理解した。

永六輔はいっている。

「父は、よく生きているなと思うほど、病気とケガの多い人でした。生きていられることを本人がとてもいとおしく思ってた人ですね。だから、自分の生命《いのち》を大事にする人は、他の人の生命も大事にするのかなと。生命って、生理学的な生命の他に、自分の生命を大事にするから他の人に対して何かをしなければいけない、という心の部分もありますからね。

人に借りを作らないこと、もし作っちゃった場合は自分の納得のいく返し方をする。簡単に迷惑をかけないということを徹底している人でした。それに比べて僕は、あちこちでケンカして歩いている（笑）。好き勝手にやっていますから」

父・忠順は、子供たちに対して、学校の成績のことなど何もいわなかった。通信簿にも目を通さなかったという。今のように、子供を私物化し、全てにわたって過干渉し、それが愛情だと錯覚している親たちには、想像もつかない親子関係だろう。

「何か子供に言うのは失礼だからというのが親父にあるわけですよ。子供は子供、大人は大人、大人のものの考え方で子供を見ちゃいけないということですね」

4 反骨　国鉄解体に反対した旅人

永六輔は、小学校に入学したのが昭和十五年（一九四〇）、戦時中は宮城県に集団疎開し、空襲で東京の家が焼失したため、戦後、今度は長野県の上田中学に入学した。小諸の懐古園で島崎藤村の詩碑を読んだのが文学との初めての「出会い」だった。

昭和二十七年（一九五二）に早稲田大学文学部に進むが、勉強は二の次で、三越劇場の照明助手とか、葭町《よし》の芸者屋で働き、上野の鈴本演芸場の若手落語の勉強会などに熱中し、大学では映画研究会に属した。戦後の新しい文化が始まっていた。

ＮＨＫのラジオ番組『日曜娯楽版』がスタートしたのは団塊の世代の第一陣が生まれた年、昭和二十二年（一九四七）十月からである。特に三木トリロー・グループの「冗談音楽」のコーナーは、鋭い世相風刺と笑いで人気を呼び、庶民の鬱憤の吐け口となった。飯沢匡、池田弥三郎、伊馬春部といった人たちが脚本を書いていたが、一般からの投書も取りあげたので応募者が多かった。

永六輔は在学中に『日曜娯楽版』のコントに投稿し、採用された。原稿料は三百五十円。その頃ニコヨンという言葉がはやった時代である。つまり日当が二百四十円という意味で、それに比べるとはるかに率のいいアルバイトだった。一九歳のときである。

採用される回数がふえ、三木トリロー文芸部に誘われた。それが放送の世界に入るきっかけとなった。子供番組にも出演した。そのときやったのが六輔という少年の役で、そのままペンネームにした。「永六輔」の誕生である。すぐに民放開局が相次ぎ、仕事が急に忙しくなった。トリロー文芸部にマネージャーとして入ってきたのが阿木由紀夫、のちの野坂昭如である。

昭和三十三年（一九五八）、開局五年目の日本テレビで『光子の窓』が始まった。日本のテレビ界では初めて作家、構成者を起用した本格的なミュージカル・バラエティ・ショーで、ホステスは草笛光子。演出井原高忠のもとで、三木トリロー・グループが活躍した。むろん永六輔もそのメンバーの一人だった。つまり永六輔は、テレビで最初のミュージカル・バラエティ・ショーの創生に名を連ねたことになる。

永六輔は、作詞家としても才能を存分に発揮した。前述したように、第一回レコード大賞を受賞した水原弘の『黒い花びら』は彼の作詞だったし、NHKの『夢で逢いましょう』から は坂本九の『上を向いて歩こう』が生まれた。昭和三十八年（一九六三）には坂本九の『見上げてごらん夜の星を』（作曲いずみたく）が大ヒットした。『上を向いて歩こう』が

『スキヤキ』とタイトルを変え、アメリカで百万枚突破のゴールデン・レコードとなったのもこの年である。二年後の四十年には、各県に一曲ずつ日本の新しい民謡を作ろうとする〝日本のうたシリーズ〟も手がけ、京都を歌った『女ひとり』(作曲いずみたく)などがヒットした。

〽京都、大原、三千院
　恋につかれた女がひとり……

永六輔は、作詞家としても令名をはせたが、彼の作詞の世界は、哀切ではあるがどこかに透明感がある。歌う人を勇気づけ、癒す力を持っている。たとえば、少しあとに登場してくるなかにし礼作詞の『今日でお別れ』や『時には娼婦のように』などはシャンソンのしゃれた味つけがしてあるが、永六輔の世界はある意味で土俗的でさえある。

それは永六輔が本質的に「旅する人」であることと無関係ではない。

「日本の三大旅行家は芭蕉と柳田国男と永六輔」といったのは小沢昭一だが、永本人も「国鉄(現JR)、私鉄も含めて全国の九〇パーセントは行っているんじゃないかしら」と、昭和五十五年の時点で豪語している。

永六輔は「旅の先生」として民俗学者の宮本常一の名をあげる。大学一年生の頃、新潟県の佐渡を一人旅しているとき、調査に来ていた宮本常一と出会った。

永六輔は、すでに三木トリロー・グループの一員ではあったが、それが将来の仕事になるのかどうかは迷っていた。そこで宮本に相談すると、全国をくまなく歩いている民俗学者が親身になって答えてくれた。

「永君、放送の仕事を続けるなら、電波ってものは飛んでいくんだから、電波が飛んでいく先まで行ってモノを考えなきゃだめだ。スタジオで考えるな。とにかく歩いて歩いて、そこで見て聞いたものをスタジオに持ち帰るんだ」

永六輔の旅暮らしが始まったのは、宮本常一のその言葉がきっかけで、宮本との交流は以後、宮本が昭和五十六年（一九八一）に亡くなるまで続いた。

「生前の宮本常一さんは年寄りの話を聞く名人でした。あの人の前だと初めて会った人も自然に話し込んじゃう。見習いたいですね。いいお土産を買うとか、土地の料理を食べることも魅力ですが、その土地の人と知り合うのが一番楽しい。僕はいつもおしゃべりのように思われますが（笑）、旅では無口になります。しゃべるより話を聞いていたいんです」

永六輔はこう宮本常一から教わった「旅する極意」を『サライ』（平成十一年第一号）で明かしているが、永六輔がこれほど旅にのめり込むようになったのは、実は彼が「五〇歳」のときに遭遇した〝事件〟と大きくかかわっていた。

〽知らない町を歩いてみたい
　どこか遠くへ行きたい

この名曲（むろん作詞は永六輔）とともに始まる旅する番組『遠くへ行きたい』は、日本テレビ系の看板番組だった。今やたらに氾濫している各テレビ局の旅番組の元祖である。渡辺文雄などの個性的なタレントが、自分の好きな土地を旅行し、人と自然とのかかわりを詩情豊かにレポートする番組で、永六輔が司会を担当していた。国鉄がスポンサーだった。

国鉄の再建は長年の懸案問題で、昭和五十六年（一九八一）には国鉄経営再建特別措置法が決定し、まず赤字ローカル線七十七線が廃止されることが決まった。翌五十七年になると、第二次臨時行政調査会（いわゆる臨調）の基本答申によって、国鉄の分割・民営化が決定した。そして、その年十一月に中曽根康弘内閣が誕生すると、この動きが一気に加速した。

ロッキード疑獄で逮捕された元首相の田中角栄の影響力は依然として政界を支配し、この内閣は田中曽根内閣とか直角内閣などといわれたが、中曽根首相は「戦後政治の総決算」を標榜し、国鉄の分割・民営化を断行しようとした。

これにはむろん賛否両論が渦巻き、反対闘争も激化した。私の父は国鉄の駅長で妻の父も国鉄関係だったから、私も国鉄の解体には反対だった。永六輔も、中曽根内閣の強権体質から強行されようとする国鉄の分割・民営化に公然と反対した。そして、十六年続いた人気番組『遠くへ行きたい』の司会をおりた。永六輔、五三歳の決断だった。永六輔の「五〇歳」はこの反対闘争のために費された。

「行政改革の目玉」、「行政改革の天王山」という名のもとに、中曽根首相によって〝政治的犠牲〟にされた分割・民営化に我慢がならなかったのである。鉄道を愛するが故の行動だった。彼なりに筋を通し、男の美学を貫いたことになる。私は改めて永六輔を見直し、敬服した。

結局、国鉄は昭和六十二年（一九八七）四月一日に解体され、この日、旅客各社（北海道、東日本、東海、西日本、四国、九州）や貨物一社など十一法人によるJRグループと国鉄清算事業団に分かれ、国鉄は百十五年の歴史の幕をおろした。

永六輔はその後、ラジオや講演などに拠点をおき、相変わらず「旅する人」の生活を続けている。永六輔はまたラジオの世界に戻っていった。毎週土曜日、TBS（東京放送）ラジオで放送される『永六輔の土曜ワイド』はもう七年以上も続いている（平成十二年二月現在）。

永六輔が『サライ』でいっている。

「女房にはあと五年は旅暮らしを続けるからっていっているんです。……孫が四人いまして、女房はいつも孫たちの保母さんみたいになっています。旅から家に帰るとなんだか自分の家って感じがしなくて〝失礼します〟ってかしこまっている僕に、〝いらっしゃい〟って。優しいでしょ（笑）」

しかし、私は永六輔がかつて語っていたこの言葉のほうに、永六輔の本心をみる。

「親父が衣を着てお経あげてるわけだから、僕もマスコミの中で衣着てお経あげてる坊主だなって思われればいいわけ。世界は違っても僕も家業ついでるようなものなのね。合掌の癖、テレビでもつい出て、上にあげたり、横にすべらせてごまかしているの（笑）」

宮本常一から教わったように「とにかく歩いて歩いて」、全国津々浦々の日本人の哀歓を聞き取り、庶民の心を失わないかぎり、永六輔はラジオやテレビを通して、「現代の語り部」となれる人だ。

5 先見　大橋巨泉の時代感覚

大橋巨泉は、四〇歳ぐらいのときから、「五〇歳でリタイアしよう」と考えていた。そして、そのように準備し、実行した。実際には五六歳のセミリタイアだったが、芸能人というより、日本人の感覚からすれば、これはきわめて大胆かつ羨ましい「第二の人生」スタイルである。

「アメリカやカナダでは、五〇歳でリタイアするのがステータスで、ゴルフと釣り三昧で悠悠自適の暮らしが彼らの自慢なの（笑）。ぼくも本当は五〇歳でリタイアしたかったんです。

でも『世界まるごとHOWマッチ』でビートたけしと仕事したら面白かったから、それで五六歳まで延ばしたの」

芸能界では「売れているうちが花」で、売れっ子タレントは超過密スケジュールで仕事をするのを自慢にしているが、巨泉にいわせれば、そんなのアホか、ということになる。

「（たけ坊は）若い頃のぼくの姿とダブるんだ。でもたけ坊は危ないな。あいつもあと十年は生きないだろうな。早稲田大学俳句研究会の後輩の寺山修司もそうだったけど、あんまり才能があると長生きしないんだな。たけ坊本人もそういってるけどね（笑）」

これは巨泉が、五五歳で引退宣言した二年後に『VIEWS』（平成四年六月二十四日号）で語った言葉で、ビートたけしはその後も〝死ぬ〟こともなく、映画監督としても華々しい成功をおさめているが、それはともかく、巨泉のセミリタイアは、働きすぎの日本人に対する批判ともなっている。

「北米の連中は一週間のうち働くより遊ぶ方が多くなったら、つまり三日働いて四日遊んでるやつのことをセミリタイアというんだって。これが日本だと生涯現役とか、五〇〜六〇歳鼻たれ小僧とか、財界人だと日商会頭だとか、経団連会長だか知らないけど、八〇歳ぐらいになってもまだウロウロやってる。一体何の違いかね」

むろん、そうしたライフスタイルを生きられるのは経済的な保障があってのことで、まだ現役で働かざるをえない団塊の世代には現実的な話ではないが、巨泉の場合は海外に持つ土産物店が彼のバックボーンにある。

　カナダのバンクーバーに「ＯＫギフトショップ」という土産物店をオープンしたのは昭和四十八年（一九七三）というから古い。「消しゴムから毛皮まで揃ったお土産の百貨店」というキャッチフレーズは、巨泉自身が考えた。

　店先には巨泉の等身大の写真が「ウェルカム」をしており、日本人客を乗せた大型観光バスが駐車を競い合う観光名所だというから、巨泉は司会もうまかったが、商売もうまい。

　バンクーバー店の成功を皮切りに、その後昭和五十一年（一九七六）にはカナディアン・ロッキーの拠点バンフで、六十一年にはナイアガラでもオープン。さらにニュージーランドのクライストチャーチ店、オークランド店と展開、平成三年（一九九一）にはオーストラリアのケアンズとゴールドコーストにも店をオープンした。

　これだけ事業を展開すれば、「金は自然に入ってくる仕組み」で、巨泉夫妻は春秋は日本（千葉県東金市）で暮らし、夏は涼しいカナダで、冬は季節が逆のオーストラリアで過ごす。巨泉は「ゴルフが命」で、季節がいいところに移り住み、好きなだけゴルフをして余生を過ごすという考え方らしいから、これは日本人離れしたライフスタイルで、一般人には羨ましい限りだが、こういうライフスタイルが可能になったのは巨泉自身の才覚だから誰からも文句をいわれる筋合いはないというところだろう。

　カナダのバンクーバーに土産物店をオープンするきっかけとなったのも、『11ＰＭ』のカナダ取材でカナダの魅力に惹かれたからだった。カナダには雄大な山、野生の動物が棲息する森や湖、美しい自然がある。スキーやカヌーなどのレジャーランドとしても最高である。巨泉は、観光業の将来性に賭けて、「カナダでお土産屋はどうか」とアイデアを出し、そして成功した。先見の明があったわけだ。

先見の明といえば、大橋巨泉は私とは四つしか違わないのに、常に時代の先端を突っ走っていたという感が強い。

本名・大橋克己は昭和九年（一九三四）、東京・両国の生まれ。カメラ商をしていた父親は三代目の江戸っ子、母親に至っては十四代目の江戸っ子というから、これはもう「オレは生っ粋の江戸っ子だ」と自慢されても仕方がない。もっとも神田生まれ、浅草育ちの永六輔によれば、「江戸っ子は、芝で生まれて神田で育つのが一流、ぼくは生まれながらの二流またはは三流」というから、両国生まれの巨泉は何流になるのか……。

「巨泉」は、早稲田大学政経学部在学中（のち中退）の俳号で、俳句研究会には大学に入ったばかりの寺山修司も一時顔をのぞかせたことがあった。寺山は昭和十一年生まれだから、巨泉よりは二年後輩になる。

私が『虚構地獄・寺山修司』（講談社）を上梓する少し前、あるパーティで巨泉と会い、寺山の話になった。

「句会でね、いい句をお互い選句しあうわけよ。寺山は自分の俳句を天、つまり最高作にあげて恥じなかったな。選句で自作を選ぶのはご法度なのに。『だって、オレの句が一番なんだからしようがないだろう』だって。そういう自信過剰というか、自己顕示欲の強い奴だったよ」

といって巨泉は笑ったが、自信過剰とか自己顕示欲という言葉を聞くと、私には巨泉が自分のことをいっているようで妙におかしかった。

巨泉はもう早大時代からジャズ評論家として、銀座のジャズ喫茶『テネシー』で解説と司会をやり、『スイングジャーナル』誌に寄稿を始めている。昭和三十一年（一九五六）には、新進ジャズ歌手のマーサ三宅と結婚したが、これはしばらくして別居、離婚した。

その後、放送作家としても活躍、昭和四十一年に『11PM』のレギュラー司会者として登場、「野球は巨人、司会は巨泉」をキャッチフレーズに売り出した。以来、競馬、ゴルフ、麻雀、フィッシング、カーガイダンス、そして女……から政治まで何でもありのサブカルチャー番組の司会者として〝マルチタレント〟ぶりを発揮、マスコミ界を席捲し、若者たちから圧倒的な支持を得た。団塊の世代は、まさしく『11PM』を見て大人になっていった世代だった。

どこへでも平気で首を突っ込み、キザな態度でいっぱしの能がきをタレる巨泉は、今までにはなかった司会者のタイプで、そこから「軽薄才子」の代名詞ともなったが、さすがに竹中労は見抜いていた。『人物評論』（昭和四十七年十一月号）でこう巨泉論を展開している。

〈大橋巨泉は軽薄才子だという、まさしく然りである。そこに彼の真骨頂がある。ベトナム戦争に意見を持っている、琉球独立論者である。「ふざけているが芯は反体制だ」と称揚する人々がある。まともなインテリならそれは当然のことであって、とり立てて感心するのは、かえって差別である。そもそも、マスコミは半体制なのだ。かけ値なしの体制人間、例えば土居まさるのようなタレントは永く棲息できない〉

〈といって反体制の牙をむき出せば、たちまちパージされてしまう、嫌でも軽薄才子の風態をよそおわねばならない。巨泉は、その擬勢のみごとさにおいて、当代最高といってよい。イレブンPMで台本を見ながら、彼はお喋舌りをする。プロのタレントらしくないという批判があるようだが、それが彼の演技（トリック）なのである。台本には実は何も書いてなくても、カンニングのふりで即興のセリフを、つまり言いたいことをいう、虚と実の皮膜にあるテレビのメカニズムを逆手にとっているのだ〉

実際のところ、素顔の大橋巨泉は「軽薄才子」などではない、私にいわせれば、きわめてまっとうな「常識人」である。

巨泉の原点は昭和二十年（一九四五）八月十五日、つまり「敗戦の日」から発していることを本人自らが認めている。

「ぼくは徹底した皇国史観で育てられた皇国少年だったからね。将来は軍人になって天皇陛下のために死ぬんだと思っていた。それがあの日突然『耐えがたきを耐え、忍びがたきを忍び』ということになっちゃった」

「それからはジャズにどっぷり（笑）。昭和九年生まれのオッサンがおかしいと思うかもしれないけど、ちょっとした感受性のある人間なら、逆の方向に走るというのはごく自然のことだと思うよ。

だからぼくら昭和ヒトケタの人間って、野坂昭如にしても大島渚にしても、永（六輔）ちゃんにしても、リベラルな人が多いですよ。むしろぼくなんかから言わせれば、石原慎太郎みたいな人が逆にあやしいね。だってあの人は昭和七年でしょ。それなのに若い頃から再軍備とかいっているじゃない。ああいう人のほうがわからない」

巨泉は徹底して全体主義を憎む。その心情の激しさは、たとえば『週刊文春』（平成七年一月五日号）の「『家』の履歴書」という何ほどのこともない記事の中でさえ、怒りとなって迸《ほとばし》っている。

「僕ね、大江健三郎さんが文化勲章を断った時、『戦後民主主義者として受けとるわけにはいかない』と言ったのを聞いて、涙が出るほど嬉しかったんです。僕らは一度権力に騙されてます。一九四五年の八月十五日ですべての価値観がひっくり返ってしまった。もう一回天と地を逆さにされたら、生きていけないでしょう。

僕らの世代は基本的には実存主義で、生き方も死に方も自分で決めるというのが僕らの生き方だったはずなんです。でもそんな連中が、高度成長時代にみんな会社人間になってしまった。『天皇のため』が『会社のため』に変わっただけです。どうも日本人には全体主義的な資質があるらしい」

　巨泉ははっきりと断言する。

「僕は全体主義は嫌いです。やはり親父の影響を受けてると思いますね。だから、身近なことで言えば、僕の生活単位はまず僕自身、次に夫婦、そして友人の順です。会社や仕事は優先順位に入らない。ましてや〝国〟なんて一番遠いところにありますよ」

　巨泉は「親父の影響を受けている」といったが、両国でカメラ屋を営んでいた父親は、大正デモクラシーの影響を受けたリベラリストだった。

　カメラという外国製品を輸入していたから西洋文明に詳しかった。日本が太平洋戦争にのめり込んですぐ、昭和十七年頃にはもう「自転車の国と自動車の国が戦争して勝てるわけがねえだろう」と公言して憚らず、憲兵隊に引っ張られて拷問を受けた。

　電車の中で、「こんな戦争負けるから早くやめればいい」と友人に話して聞きとがめられ、スパイ容疑ですぐ特高警察に逮捕されて三日間帰ってこなかった。

「帰ってきたら顔なんか殴られてひどいことになっている。その時お袋が『お願いだから人前でそういうことをいわないでください』っていうんだけど、親父は『おれはただ理にかなったことをいっただけだ』って。ボコボコの顔してね（笑）。……皇国少年のおれは親父が憎くて、とんでもない非国民だと思っていたけど、戦争が終わったら、とたんに『ああ、親父は偉かったんだ』と思った（笑）」

父親の口癖は「天上天下唯我独尊」、「自分のことは自分でしろ」、「働かざるもの食うべからず」、「唯一してはならないことは人に迷惑をかけること」だったという。父親は、平成六年（一九九四）二月に九四歳で亡くなるまで、徹頭徹尾、自分の哲学を体現したリベラリストだった。

巨泉と父親の関係は、永六輔と父親との関係に共通したものがある。これで明らかになったはずである。巨泉が早々とセミリタイアし、外国へ脱出した理由《わけ》が。そう、巨泉は徹底した個人主義者で、会社（つまり仕事）や国家（権力）などには全然重きをおいていないのだ。巨泉が愛するのは、自分自身と妻の順子（本名・寿々子）との生活である。巨泉は、昭和四十四年、十四歳年下の清純派女優・浅野順子（当時二一歳）と結婚。世の男性たちの嫉妬と羨望を一身に集めた。

「今や〝少女誘拐〟（笑）から二十五年も経って銀婚式を迎えると、完全に力関係が逆転してます。脅されるんですよ、『年とってもおシメ替えてあげないわよ』って（笑）」

これは結婚して二十五年過ぎたあとの巨泉の感慨である。

巨泉がリタイアを考え出したのは四〇歳ぐらいのときだという。超多忙人間の巨泉は、『11PM』、『世界まるごとHOWマッチ』、『クイズダービー』と、週に三本もテレビ番組を持ち、毎週土曜と日曜には競馬の生放送もやっていた。その頃は伊東市に居を構えており、一週間はこんな具合だった。

「金曜日に東京に出てきて、『金曜イレブン』をやる。土曜日の朝、競馬新聞の予想を入れて、『HOWマッチ』を二本とる。日曜日は競馬の放送がある。月曜日は朝飯食った後に原稿を書いて、TBSで『クイズダービー』を二本分とって、ご飯食べて、銀座で一杯飲んで、それから『月曜イレブン』をやる。これが一つのパターンだったんです。それで火曜日の朝八時ごろの新幹線で伊東へ帰る。着くと十時ごろでしょう。天気がよければお昼からゴルフできるでしょう。水・木とやって」

これは小宮悦子との対談（『サンデー毎日』平成九年六月八日号）で明かしたスケジュールだが、すでに四日働いて三日遊ぶ形になっている。それでも週三日では遊ぶのが足りないから、とうとうセミリタイアしてしまったという。

直接のきっかけは、『11PM』のファッション・コーナーを担当していたジョン・ワイツというデザイナーのライフスタイルを知ったことだった。

「彼の生活ぶりを見ると、金曜日の昼になると、海辺のリゾート地にある家に帰っちゃうんですよ。そこで月曜の朝まで奥さんと過ごして、絶対に週末は仕事しない。これがセミリタイアメントだといっていたんですよ。仕事はするけど、前みたいに猛烈に働かないで、週のうち半分は女房と二人で静かなところで過ごすって。いいなあと思っていて、これやろうと思ったんです」

決定的なきっかけになったのは、ハワイにゴルフに行ったときだ。巨泉は、暇をみつけては二週間、三週間とまとめて休みをとり、ハワイへゴルフをしに行っていた。そこで知ったのはカナダやアメリカ西海岸の金持ち連中で、彼らは四ヵ月ぐらい滞在して、ゆったりとゴルフやレジャーを楽しんでいる。巨泉が三週間で帰るというと、「何で帰るんだ」と驚き、「仕事がたまっているんだ」と説明すると、彼らが自慢した。

「五〇歳過ぎたらリタイアして、冬はこういう暖かいところに集まってゴルフを楽しむのが成功した人間のやることだ」

そして、こうも言った。

「お前、七〇、八〇歳になって、ドライバーが百五十ヤードしか飛ばなくなってからリタイアしてどうするんだ。つまらないだろう。五十代で、ドライバーが二百五十ヤード飛ぶときにリタイアして、毎日ゴルフができるから幸せなんじゃないか」

その言葉は、ゴルフ好きの巨泉に価値観の転換をもたらすのに十分だった。巨泉はセミリタイアし、「今はボランティア人生だから、どんな安い仕事でも、いい仕事であればやる」というスタイルを貫いている。

巨泉は、前出の『週刊文春』で今の心境をこう披瀝している。

「日本では〝一生現役〟が美談になっちゃう。もちろんそういう人はその人の自由ですけどね。ただ、北米へ行けば、六〇歳過ぎて立身出世を考えているほうがクレージーですね。でも、こんなこと言ってるから日本を見限ったかと言えば、そうじゃないんです。僕、やっぱり花見がしたいし（笑）。

下町の浪花節で育った人間が西洋文化にどっぷりつかって半々かな。死んだら花見ができる所に埋めてほしいなあ」

そういえば、テレビの揺籃期に活躍したこの〝テレビ御三家〟、青島幸男、永六輔、大橋巨泉の共通項が一つある。三人とも東京・下町の出身という点だ。下町は向こう三軒両隣、話し上手に聞き上手、人のつながりを大切にして生きている世界である。相手の家の事情も筒抜けである。そこに助け合う心も生まれ、人情がはぐくまれる。

テレビは所詮、ワイドショーをみても下世話な世界である。青島、永、巨泉の三人がテレビのワイドショーで成功したのもむべなるかなである。

しかし、同じテレビ界で活躍しながら、三人は「五〇歳」の過ごし方によって、またそれぞれの道を歩むことになった。青島幸男、永六輔、大橋巨泉の〝テレビ御三家〟にとって、「五〇歳」はそれぞれの分岐点になった時期であった。

第四章　「信念」の男たちの伝説

①闘争　総評議長太田薫の指導力

〈太田薫には大衆性があった。大衆性とは、ある意味の柔軟性や即応性を指すが、それは後の労働運動の指導者の山岸章や鷲尾悦也の無原則性とは違っていた〉

太田薫が死去したあと、佐高信は「葬送譜」（『世界』平成十年十二月号）でこう記しているが、太田薫が戦後労働運動の第一人者であったことは誰しもが認めるところだろう。

昭和十三年（一九三八）生まれの私は、「六〇年安保」を体験しているが、昭和三十五年（一九六〇）は、戦後の分岐点となった年だった。

昭和三十五年の、いわゆる「六〇年安保」と「英雄なき闘い」といわれた三池闘争がドッキングして、戦後史を彩る一大闘争となり、三池闘争では第一組合員の久保清が、会社側に加担する暴力団員に刺殺され、安保闘争では東大生の樺美智子が警官隊に圧殺された。

この年、団塊の世代はまだ中学生になったばかりであり、闘争の意味がよく理解できなかったかもしれないが、たとえばこの世代に属するある女性がこう書いているように、強烈な印象だけは残っているはずだ。

〈中学一年だった。一般の人があれだけの機動力をもって動くのを見たのは初めてのことだったので、強烈な印象があった。まだ自分でものを考えることができなかったので、どうしてこれだけ多くの人がキチンとものを考えられるのか、という驚きもあった。私の中では、七〇年も、六〇年の焼き直しといった印象がある〉
〈よくわからなかったが新聞もテレビも派手に扱うし、樺美智子さんが死んだりして、警察は横暴だという感じで、ただただ興奮して話しあった。どこかがおかしいという感じだけをいだいた〉（以上三篇とも『昭和二十二年生まれ』所載）。

安保闘争にかかわった全ての人たち、今ではこういう言葉も死語になっているが、「総資本対総労働の激突」とまでいわれた三池闘争にかかわった全ての人たちにとって、昭和三十五年は「悪夢の年」であった。この昭和三十五年の一大闘争を率いたリーダーが、「昔陸軍、今総評」といわれた日本労働組合総評議会（総評）議長の太田薫だった。

豊臣秀吉と同じ一月一日生まれ（明治四十五年）の太田薫は、二年前の昭和三十三年七月に総評議長に就任しており、この一九六〇年には四八歳、したがって太田薫の「五〇歳」前後は労働運動のドンとして君臨していたことになる。

太田薫は名物男だった。

二十二貫（約八十三キロ）の巨軀、禿げあがった大きな頭、のびた無精ヒゲ、眼光鋭く八方睨みのロンパリ・スタイルで動き、
「団結、ガンバロウ！」

とドスのきいた地声で、固く握りしめた右の拳を突き上げると、総評四百万の精鋭たちは、ブルブルと体の中を突き抜ける感情の波に昂揚し、「ガンバルゾ！」と思わず唱和してしまうのだ。

ネクタイはひん曲がり、うす汚れたワイシャツはズボンからはみ出し、ズボンはズリ落ちそうだし、おまけにMチャックはオープンになりがちな総評議長——太田薫は稚気愛すべき男でもあった。これほど人間くさい親近感を抱かせる労働運動の指導者はいない。その後の「労働貴族」になり下がってしまった幹部連中とは大違いである。

太田薫は、「自分の得意技は団交」と豪語しただけあって、肉を切らせて骨を切る荒技で、相手の経営者を射すくめ、たじろがせた。その闘いぶりを大宅壮一が『文藝春秋』（昭和三十六年三月号）に書いている。

〈団体交渉の場合、彼は必ず一つか二つ会社の弱点をつかんできて、会議の冒頭にこれをもち出し、会社側をとっちめた上で、要求条件をもち出してくるのである。会社側であらかじめこれを予想し、適当なうけ答えをすると、その日はサッパリ気勢が上がらない。

そこでこんどはホコ先をかえ、あまり弁舌のうまくない技術屋にくってかかり、その連中がしどろもどろになると、「なんだ、ヒゲばかりはやしていても部長らしくないじゃないか」とばかり、多少人身攻撃みたいなこともやってのけて、その余勢で団交を有利にみちびくというようなやりかたは、実に堂に入ったものだ〉

しかし、昭和三十五年の三池闘争はそんなものではなかった。殺気漂う一大闘争だった。福岡県大牟田市では炭鉱労働者の総力を結集した闘争が展開され、全国から続々とオルグが集結していた。私は、『鎮魂』（徳間文庫）という作品の中でこの三池闘争のことを書いているので、とりわけこの問題には関心が深い。

「今や、牙をむき出しにした石炭資本は、警察権力と結託して不当介入させ、福岡地裁は憲法に違反する仮処分決定を行なった。これは国鉄、全逓などに対する大量処分、福島のミサイル基地反対など、国家権力に抵抗する国民に対する弾圧の一環である。特に安保闘争と密着している三池闘争を一挙に押し潰そうと企む国家権力の、われわれ労働者階級に対する悪意に満ちた挑戦状であり、断じてこれを許すことはできない」

現地指導委員会のリーダーはこうアジり、檄を飛ばしていた。

「断じてホッパーを死守せよ！」

石炭産業は当時、危機を迎えていた。

戦後、日本は経済総合対策として、いわゆる「傾斜生産方式」をとり、石炭と鉄鋼を経済危機突破政策の最重点業種として優遇してきた。石炭は花形産業だった。そして旧三井財閥のドル箱だったのが三池鉱山の中心、三池炭鉱で、戦後も三井の財力的基盤となっていた。

三池には、三川鉱、四山《よつやま》鉱、宮浦鉱という三つのヤマがあり、これを三山鉱山と総称していた。三池を含む三井六山にはそれぞれの労働組合があり、六つの組合は「三井鉱山労働組合連合会」（三鉱連）を作り、炭労に加盟していた。炭労は当時、総評の中でももっとも強力で戦闘的な労働組合で、その中核となっていたのが三鉱連と三菱の菱炭連であり、単一組合では三池労組、高島礦労組などだった。

三井鉱山が企業整備という名のもとに、大量首切りを断行しようとしたのは昭和三十四年（一九五九）だった。その凄まじさは、今の企業のリストラの比どころではない。

まず一月に、いわゆる〝第一次合理化〟と呼ばれる整理案で、三井側は六千人の人員削減を三鉱連に提示してきた。このときは千三百人余の希望退職者が出て一応おさまった。

さらに三井側は八月、全山を含めて五千七百人余の希望退職者を求める〝第二次合理化〟案を三鉱連に提示し、追い打ちをかけてきた。三鉱連は当然、総評、炭労の強力な支援のもとに反復ストライキで対抗した。

その後も職場闘争は活発化していた。特に三池の中でも三川鉱の職場闘争がもっとも激しかった。会社側は「生産阻害者による生産低下」を口実にして、その年の暮れ十二月、今度は千二百七十人余の指名解雇を通告し、解雇状を送ってきた。三井六山のうちでも、特に三池の活動家が目の仇にされた。会社側が戦闘性の強力な労組を潰しにかかってきたことは明らかだった。

これに反対する三池炭鉱労組（組合員一万四百人）は翌昭和三十五年一月二十五日から全面ストライキに突入した。そしてこのストライキは、三十五年十一月一日、池田勇人内閣の調停で解決するまで、実に二百八十二日に及ぶ大争議となったのである。この闘争の表舞台に立ったのが総評議長の太田薫であり、炭労委員長の原茂だった。

太田薫は、昭和三十四年十一月すぐに社会党の浅沼稲次郎書記長（当時）らと一緒に現地入りし、大牟田の記念グラウンドで大集会を開いた。太田が『わが三池闘争記』に書いている。

〈安保闘争の盛り上がりのなかで、クビ切り攻撃をはねかえそうというこの集会には、九州一円をはじめとするじつに七万人の労働者がぞくぞくと集まってきた。集まった人数もたいしたものだったが、この日のビラ合戦は、さらにすごかった〉

会社側は、炭住街で「退職勧告」のビラを撒いたり貼ったりしても、組合員にすぐ回収されてしまうので、セスナ機やヘリコプターをチャーターして、空から大量のビラを降らせるという挙に出た。

「退職の仕方／退職願は、どんなに簡単なものでもいいのです。紙切れにペン書きにでもして、人事係長か、自分のヤマの人でもよろしい。いちばん出しやすい人のところへもっていくか、できなければ郵送してください」

当日、会社側が投下したビラにはこう書いてあった。組合も対抗上、飛行機でビラの応戦をした。この日、会社側と組合が空から投下したビラは約七十種類、五十万枚という膨大なものになった。

太田薫の闘争記録には、ある労組員のこんな言葉が採録されている。

「いや、まったく、空襲のごとでした。戦闘機みたいな飛行機がブンブン低空飛行で旋回するし、ヘリコプターからはビラをまく。あのビラのすごかこと、集めて火をつけたら、大牟田は丸焼けになったでしょうナ」

三井を含めた大手十八社からなる経営者側は、すでに「昭和三十八年までに大手十八社だけで十万人を解雇する」という方針を明確にしていた。当時、大手十八社の炭鉱労働者は約十八万人、その五六パーセントを首切るというのだ。総計十一万人以上にも及ぶ大量首切りである。

三池闘争は、単に三池鉱の首切りだけでなく、全国炭鉱労働者の十一万人の首を賭けての大闘争であった。全国から続々とオルグ団が集結した。経営者側も右翼や暴力組織まで動員した。まさに「総資本対総労働」の激突だった。三池鉱は熱く燃えていた。

その頃、私は「アンポ、ハンターイ!」、「岸は即刻退陣せよ!」と叫ぶデモ隊の中にいた。私は早稲田大学文学部の学生だった。安保闘争もまた激烈さをましていた。

②血戦　三池闘争の凄絶

「六〇年安保」については、すでに元全学連の畏友、蔵田計成の『安保全学連』などで総括されているので、ここでは繰り返さないが、こと三池闘争に関してはどんな凄惨な修羅場があったのか、太田薫の「五〇歳」の闘いを通して検証しておかなければならない。今の労働運動は企業側のいいなりになって、すっかり弱体化してしまったが、かつての労働運動は働く人間の立場にはっきり立っていたし、その権利を守るために生命を賭けて闘った輝しい歴史を、私は記録しておきたいのである。

当時の朝日新聞のルポ（昭和三十五年三月二十八日付）はこう伝えている。

〈『襲う』という言葉がふさわしい。カケ足デモの隊列がバラバラと乱れたとたんに、黄色い坑内帽が棒切れをふり上げてピケ隊になぐり込んだ。コショウの目つぶしがピケ隊に飛ぶ。大人の頭ほどの石が、群集のなかにドスンと放り込まれる。鉄のかたまり、鉛の水道管、赤さびたストーブのかけら。あらかじめ用意した、おびただしい数の「凶器《きょうき》」がたちま

ちピケ隊をひるませる。ふらふらとピケ隊を離れて倒れかける者がある。それを第二組合の青年行動隊員が竹ザオでつき倒す〉

第一組合と会社側が組合の分断をはかって組織した第二組合との流血事件である。組織分裂はかつての仲間たちが真っ正面から激突し、流血の惨事を各地で引き起こす結果となった。

久保清刺殺事件はこうした背景の中で起きた。久保清は四山支部労組員で当時三二歳。三月二十八日の夕方、久保は四山鉱正面前でピケ隊の一人として待機していた。そこへ暴力団が車で乗り込んできた。「第二組合員を第一組合員の激しい吊し上げから守る」という名目で、会社が雇った「暴力団や組織関係者」がピケ隊に殺到してきた。その直後に惨劇が久保を襲った。

三月二十九日付の組合機関紙号外は「血の惨劇」をこう伝えている。

〈……それらの車がジグザグに運転して邪魔した。そのまま正面のピケ隊五、六〇人の前に、彼らは停車して一斉にとびおりた。この瞬間、車を通過させるたびにデモ隊を整理させ、前面にいた久保清さんは、いきなりみぞおちをアイクチでさされて昏倒《こんとう》した。ピケ隊は急いで約二〇〇メートルくらい離れた四山分院に運びこんだ。心臓に切っ先が達していたため、輸血をつづけたが、ついに死亡された〉

本物の〝コロシ屋〟が出現して久保清を刺殺したこの事件は、闘争を一変させた。

三池の空気は、もう妥協点の入る余地はなかった。三井闘争を理論的に指導したのは、いわゆる「向坂《さきさか》教室」といわれる社会主義協会向坂派の総帥・向坂逸郎九大教授（当時）を中心とした九大学者グループであったが、闘うのは炭鉱労働者自身であり、それを陰で支える炭婦協の主婦たちである。組合員たちは、総評と炭労のカンパによる「一万円生活」に耐えて苦しい闘いに挑んでいた。それは「生活を守る闘い」であると同時に「生命を守る闘い」でもあった。

会社側は、次々と攻撃を仕掛けてきた。七月七日、福岡地裁は、会社側が申請した地域のうち、ホッパー周辺の最主要地域への立入禁止を命令、「ピケ小屋を三日以内に撤去せよ」という仮処分決定を行なった。

会社側と連絡をとりながら警察は、七月十一日、九州六県の県警本部長会議を開き、関西、中国、四国の支援を得て、大量「警官一万人の動員」を決定、この要請に応じて続々と警官が三池に集結してきた。

一方、現地拠点共闘本部も、総評その他、民主団体に対して最大級の動員を要請。七月十七日、ホッパー前広場に、全国から労働者、民主団体、文化人ら十万人が参集した。こうして総評、社会党、共産党ほか主要単産代表多数が出席して、「安保体制粉砕、弾圧反対、三池闘争を守る大集会」が開催され、この席上で「二万人のピケ隊」を組織することが決定、全国各地から精鋭たちが続々と集まってきた。そして最強の二万人ピケ態勢ができあがった。

もはや三池だけの闘いではなかった。「総資本対総労働の激突」といわれる、国内を二分した一大闘争だった。

二十一日の仮処分執行満了期日に向かって「最後の決戦」のときが刻一刻と近づいていた。もはや労使双方とも、当事者同士の解決への道は不可能だった。

中央では、流血の大惨事を回避するため、あわただしく対応策がトップレベルで検討されていた。新安保条約が自然承認されたあと、岸信介内閣が崩壊し、七月十九日に成立した池田勇人内閣は「寛容と忍耐」をモットーに、低姿勢でスタートした。岸内閣から持ちこしの三池問題を早急に解決しなければ、新内閣の実力が問われる。池田首相は、労働大臣として実績のある石田博英を再度労相に起用して全権を委任、自らも財界の調整に動き出した。

石田は大臣就任の認証式のあとの初閣議で、「流血の惨事を避けるため組合はピケ隊をとく」、「順法精神を守る」、「中央労働委員会（中労委）に斡旋を要請する」という三方針を提案し、了承された。そして即日、労働省に炭労の原委員長と三井鉱山の山本浅吾常務を招いて、政府勧告を行なうと同時に、中労委・藤林敬三委員長に職権斡旋を要請した。こうして危機一髪のところで、ピケ隊と警官隊の流血の惨事は回避されたのである。

二十日の朝、池田首相は、小林中・前開銀総裁、桜田武、諸井貫一の両日経連代表理事、今里広記・日経連総理事、植村甲午郎・経団連副会長、永野重雄・日商副会頭、それに三井

グループの総帥、佐藤喜一郎・三井銀行会長（肩書はいずれも当時）ら財界幹部と朝食会を開いた。そして、三井鉱山の栗木幹社長が中労委の申し入れを受諾するよう、財界幹部に要請した。

三井鉱山の栗木社長は、一度は「経営責任の放棄である」として、中労委の申し入れを拒否したが、結局は財界幹部の説得に応じざるを得なかった。炭労も申し入れを受諾したが、現地で実際に指揮をとった本部支部長の塚本教義が上京して、現地は斡旋申し入れを拒否すると伝えてきた。それを説得したのが向坂逸郎だった。

その場に同席した総評議長の太田薫が、そのときの模様をこう記述している。

〈私もそのとき、そばで話をきいていたけれども、ほんとうの先生と弟子というか、こんこんとやめるべきだと説得する向坂先生の話は、涙なくしてはみられなかった。その説得に応じたのか、総評のささえがなかったらたたかえないから万《ばん》やむをえず呑《の》むといったのか、向坂先生をにらみつけ、歯を食いしばっている塚本氏の姿は、いまでもはっきりと目に浮んでくる〉

中労委の「藤林・中山斡旋案」が提出されたのは八月十日である。斡旋案は組合にとっては苛酷なものであった。

「会社は指名解雇を取り消し、解雇該当者は、この期間満了の期日をもって自発的に退職したものとする」

これは言葉のアヤで、会社のいう「生産阻害者」、約千二百人の実質的な「指名解雇」であることに変わりはなかった。解雇問題の収拾のためにおく一ヵ月の整理期間が満了したときをもって解雇されるのである。現地三池からは、「絶対拒否せよ」と突き上げてきたが、総評議長の太田薫は、斡旋申し入れに従い、これを受諾するほかはないと決意した。闘争収拾のため現地に出向いた太田に対する罵声はすさまじかった。

「太田薫かッ。どげんツラ下げて、やって来たっとか！」

「太田、生きて帰れると思うな！」

それは太田にとって、最大の「苦悩の選択」だった。

〈闘争終結の大会は、炭労でも総評でも、文字どおり〝苦悩の大会〟となった。ことに炭労大会では「拒否は自殺行為だ」という受諾賛成派と「たたかうエネルギーはまだある」とする拒否論が、真っ向から対立した。しかし、大勢は受諾に傾いてゆき、二〇時間にわたる激論のすえ、最終的には「今後、政府、中労委、会社に対する要求の解決を条件として事態収拾をはかる」という〝条件つき受諾〟を決定した〉

この炭労大会は九月六日に行なわれたが、これに出席した三池労組員や三池炭婦協の主婦たちは声もなく、呆然と立ちつくし、そしてとめどなく涙を流した。

昭和三十四年八月の〝第二次合理化案〟が出てから約四百日、無期限ストに入ってから二百八十二日、延べ二十九万五千人のピケ要員と六億円以上の資金を投入した「総資本対総労働」の闘いは、こうして終わった。

　三池闘争のあと、日本の石炭産業は「エネルギー革命」のあおりをくって衰退し、昭和六十一年（一九八六）、中曽根康弘内閣の諮問機関である「国際協調のための経済構造調整研究会」から出た、いわゆる「前川レポート」によって、国内炭は完全に〝見殺し〟にされ、息の根をとめられた。

　太田薫の「五〇歳」は、総評議長として、まさに日本の労働運動の最前線に立って、資本家側と激烈にやり合う闘いの日々だった。

　太田薫は、旧制六高から大阪帝大工学部応用化学科へ入り、卒業と同時に大日本特許肥料に入社。昭和十四年（一九三九）からは宇部興産の宇部窒素工場に勤務、二十一年に組合を結成。以後、合化労連委員長から総評議長と、労働運動一筋に生きてきた男である。

　数年来の総評の運動方針にはいろいろな批判があり、経済闘争中心が結果的に「右寄り路線」を招いた、という批判もあったが、太田薫は『中央公論』(昭和三十八年三月号）のインタビューでも自信満々に答えていた。

「評論家がよく『右』とか『左』とか言うんだけれど、僕は、総評が前より前進しているかどうかという問題で、判断したらいいと考えているんです。具体的にいうと、労働者の労働条件が上ってきたかどうか、基盤になっている平和の問題が不安になっているかどうか、こういうことが労働組合にとって根本の問題だと思うんです。

そりゃ三池でも第二組合ができたし、王子でも第二組合ができた。私の出身の宇部でも第二組合ができた。しかし苫小牧でも宇部でも、社会党の支持票はふえていますよ。日本の労働者は職制に弱いから第二組合がすぐできるが、意識は変わらない。総評全体としてみれば、四百五十万という数字になって成長している。これはなんといっても、総評が低賃金労働者の先頭に立って賃上げをし、これを実現してきたということが一つ。

それからもう一つは、安保闘争のように、いよいよの危機がきたときには、必ずたいへんな抵抗を示して反動化を食いとめる力を発揮してきている。これが総評の実力であり、同時に魅力なわけです」

それから三十数年すぎた今、総評はすでに解体されて「連合」となり、労働運動もすっかり様変わりをした。若年層の組合離れ、連合の右傾化というより労使協調路線は顕著となり、労働組合は労働者を救済する手段をもはや持ち得ていない。

平成十二年一月の完全失業率は、過去最悪の記録とされた前年六、七月の四・九パーセントとほぼ変わらず、完全失業者数は三百万人を突破している。リストラ、倒産で離職を余儀なくされたあと、再就職が困難で失業が長期化している中高年層の実態は悲惨の一語に尽きるが、それも労働運動の衰退が招いた犠牲といっていい。

今、労働運動にいのちを賭けた太田薫のようなリーダーがどこにいるだろうか。私が太田薫を記録にとどめたいのは、彼は清濁併せのむ男で毀誉褒貶はあったかもしれないが、彼ほど組合運動の指導者として労働者を信じ、愛し、闘った男はいないからである。

太田薫は、昭和五十四年（一九七九）に行なわれた都知事選挙に立候補した。新宿で最後の訴えをしていたとき、街頭演説を邪魔する右翼から石を次々と投げつけられ、それが眉間にモロに当たって、全治十日間の怪我をした。

周囲の人は、「危険だからもう表に出ないほうがいい」と忠告したが、その三十分後、太田薫は割れた眼鏡をはずし、両目の上に包帯をした姿で、再び選挙カーの上に立った。太田は、民主主義と言論を暴力で圧殺しようとする反動的な勢力に対して、いのちを張って闘ったというべきだろう。

このとき応援演説をした中山千夏が、こう述懐したものだ。

「右翼に脅されて恐いけれども、あの人たちに守られて選挙をする側でなくて本当によかった」

この話を引用して、佐高信が「葬送譜」で書いている。

〈対立候補の鈴木俊一をかついでいたのは自民党に公明党、そして民社党である。多分、山岸や鷲尾が、もし、都知事選に立つとしたら、石を投げられる側ではないだろう〉

太田薫は、都知事選挙で敗北したあと、昭和五十六年（一九八一）に創刊された『週刊宝石』で対談のホスト役をつとめ、その毒舌としわがれ声の〝太田ラッパ〟の健在ぶりを示したが、藤原弘達との対談で、こう心情を披瀝していた。

「まあ意地でやってきたけど、一生、労働運動やったことの義務として、民主主義の芽だけは残したい。これだけ繁栄してみんな権力にまるめこまれちゃってるが、ロボット導入もいつか矛盾が起きるし、貿易摩擦も拡大されて日本経済が破綻する。そのときどうするか方向が出るように、まじめな労働者にわしの考えを伝えることを続けていこうと思う。芽を残す。あとは若い者に譲るよ」

その太田薫の志が報われているとはとても私には思われない。連合は、太田薫を顧問からも追放した。「春闘をやめよう」、などという言葉さえ飛び出す今の労働運動の時代に、私は、「まじめな労働者」を信じて、労働運動一筋にいのちを賭けた太田薫のような「信念の男」こそ、もっと語り継がれていくべきだ、その志を継ぐものがもっと出てきてほしい、と考える一人である。

3旋風 全国区トップ当選田英夫

昭和四十六年（一九七一）といえば、団塊の世代の第一陣が大学を卒業して社会人になって間もなくの頃であり、彼らが社会人になったことで、時代の流れも大きく転換した。テレビはすでにカラー受信契約数が一千万を突破してカラー時代に入っており、テレビから数多くのスターが生まれた。その名も『スター誕生！』(日本テレビ系)がスタートしたのもこの年の十月からで、この番組からは森昌子、桜田淳子、山口百恵らの新人アイドル歌手たちが続々と誕生した。

一方で、六〇年代の人気グループサウンズのタイガースが解散し、タイガース、スパイダース、テンプターズのメンバーが集まり、新グループPYGを結成したが、個性が強い歌手ばかりのグループで結局話題をふりまいただけで終わり、沢田研二はソロ歌手としてデビュー、萩原健一は俳優として、それぞれの道を歩き出した。

大ヒットしたのは、前年七月に発売されたソルティー・シュガーの『走れコウタロー』で、ユーモラスな歌詞、競馬の実況中継と当時の東京都知事・美濃部亮吉の物真似のセリフ部分が若者たちに大いにウケた。ジローズの『戦争を知らない子供たち』(作詞北山修、作曲杉田二郎)も話題を呼んだ。〝戦無派〟からの社会へのメッセージを込めた歌で、同世代の若者たちの深い共感を得た。団塊の世代なら今でも口ずさむ青春の歌だったはずだ。

この年昭和四十六年の六月二十七日、第九回参議院選挙が行なわれ、自民六十三名、社会三十九名、公明十名、民社六名、共産六名、無所属二名の結果となったが、社会党が善戦、全国区のトップ当選は百九十二万票をとった社会党公認の田英夫だった。

田英夫はこのとき四八歳になったばかり。六年間任期をつとめ、次の昭和五十二年（一九七七）の参議院選挙でも連続してトップ当選を果たす。田英夫は参議院選挙に出馬する前は、テレビ『ニュースコープ』（TBS系）のキャスターだった人であり、したがって田英夫の「五〇歳」は、テレビのキャスターから転身し、政界で新風を巻き起こした波乱の時期にあたっている。

あとで触れるが、田英夫がキャスターを辞職したのは、政府、与党のTBS報道に対する批判と無関係ではなく、いってみれば、TBS首脳が政府、与党の圧力に屈した結果だった。

田英夫が『ニュースコープ』で最後のキャスターをつとめたのは、昭和四十三年（一九六八）三月二十七日のことだったが、終わりにあたって一言も別れの挨拶をしなかった。私にはそれがせめてもの抵抗だったと思われる。

そういう経緯があるから、田英夫を担ぎ出した社会党の成田知巳委員長（当時）が「田英夫を励ます会」でみせたはしゃぎようは噴飯ものだった。

成田（社会党委員長）　田さんが大金持ちになれるなどというと、皆さん「ウソばっかり」というような顔をされる（笑）。

しかし、これは本当だ。田さんは、私がそば屋の二階で口説いたら（笑）、「よし、社会党から出よう」と決心された。しかし、考えてもごらんなさい。いま社会党は〝落ちめの社会党〟といわれている（笑）。委員長の私が申し上げるのだから、ぜったい間違いはない……（満場大笑い）……。

成田（一段と声を上げて）いいですか。田さんはその落ちめの社会党を買おうとおっしゃる。私は実に感激した。田さんはえらいと思った。最近のインテリは社会党の悪口さえいってればいいと思ってる。現にきょうの会場でも、だいぶ社会党の悪口が出た（笑）。悪口だけいってなにも行動しないのが、インテリの悪いくせだ。

しかし、田さんはその社会党に入られた。しかも自らの身体を張って行動されようとしている。並みのインテリにはできないことだ。（拍手と笑い。壇上の成田氏は声を張りあげて叫ぶ）皆さん、ここではっきり申し上げるが、社会党はもう落ちめではない。党の下降線はもうストップしたのです。いまが底なのです。これからは上がる一方だ。いわば田さんは〝底値〟を買われたのだ。底値を買って値上がりしたところで売れば、ぜったいに儲かるというのは株屋の常識ではありませんか（満場笑いと拍手）。

だから私は、田さんは実に目先の見える人、新聞記者などやらずに株屋になっておれば、いまごろは必ず大金持ちになったにちがいないと思うわけなのです（満場大笑い）……。

成田　私は本日、党の選挙対策委員会から、田さんの選対本部長をやれと命ぜられました。（拍手）委員長自ら選対をつとめるのは異例のことです。（声を上げて）「お引き受けした以上、ぜったいに田さんを当選させよう」という社会党全員の意気込みのあらわれであります。

（満場の大拍手。司会の秦豊氏〈田氏と同じニュース・キャスター〉が割りこむ）

秦　……ところで、田さんは大金持ちになる素質だけはあるというお話ですが、ただいま現在の田さんは文なし同然……。

成田　わかってます（笑）。党から活動費に一千万円出します（会場どよめく）。これも異例ですよ。社会党の公認料はふつう百万円ですからね。田さんはわが党の最重点候補なんです。

以上は『週刊現代』（昭和四十六年七月八日号）のルポから抄録したが、これだけをとってみても、いかに田英夫が社会党の期待を一身に集めていたかがわかる。

田英夫は、期待にそむかなかった。団塊の世代が選挙権を行使するようになってから、明らかに投票の様態が変わってきている。今でいう〝無党派〟層の拡大である。すでに前回、昭和四十三年の第八回参議院選挙で石原慎太郎がトップ当選し、青島幸男、今東光、横山ノックらが上位当選したときから、政治の潮流は変わり始めていた。

即ち、団塊の世代が学園闘争を体験したあと、彼らは既成の政党に幻滅し、新鮮な何かを期待させるタレント議員、あるいは旧態依然とした政党色に染まらない候補者に、国政の改革を託して、投票するようになったからである。〝無党派〟層とは、政治には関心があるが、自分の政治的期待を満足させてくれる政党や候補者を持ち得ない有権者をさす。政治に〝無関心派〟とは別種の存在で、〝無党派〟層が本当に動き出したとき、私は日本の政治が変革できると期待している。

田英夫は、そうした〝無党派〟層にとっても、一票を託するにたる候補者に映った。実際、田自身も、これまでの紋切り型の選挙運動はとらず、白手袋にタスキがけという例の泥臭い候補者スタイルを拒否し、演説もジャーナリスト出身らしく、草稿に頼らずにどこでも即興でやってのけた。

その内容も、他候補がやるように、何でも実現します、という実現不可能な総花的なものではなく、「言論の自由」と「平和」という二点だけに絞って訴え続けた。

田英夫自身が当時告白している。

「私は、物価対策とか公害問題のことについては、一言もしゃべったことはない。私はあくまでもジャーナリストとして政治に参加するのですから、私が訴えたいことは抑圧されつつある言論の自由をいかにして守るか、平和をいかにして守るか、というのが最大のテーマです。物価のことは木村禧八郎さん（社会党から東京地方区に立候補の経済学者）にお任せすればいい。それに主婦が物価以外に関心がないと思うのは錯覚ですよ」

宣伝ポスターも、わざわざヌード・カメラマンとして人気のある立木義浩に依頼して、コピーも「NOW We Want DEN」とした。このポスターは話題となり、実際に三千円も金を出して買っていった人さえいるという。このポスターの所有者は、今ならさしずめ〝お宝〟の所有者ということになるだろう。

選挙民の反応は凄まじかった。田英夫の立候補第一声は、東京・有楽町に当時あった朝日新聞社前で行なわれたが、田英夫が登壇する前から続々と人々がつめかけた。むろんミーハー的な田ファンもいたが、それは青島幸男を追っかけるミーハーよりは少なく、田英夫の知性と見識に期待する層であったことは、確かである。

私も演説を傍聴したが、明晰な頭脳、平和を訴える説得力のある論理、そしてよくひびく美声、今までにはないタイプの候補者がそこにいた。私の隣で熱心に耳を傾けていた団塊の世代とおぼしき若い男性の声が、今も耳に残っている。

「やたらにペコペコ頭を下げないのが、かえって誠実さを感じますね。政治家なんて、ペコペコするのは選挙のときだけでしょ。当選すれば公約を破るのなんて当り前、そんなのもう信じませんよ。田さんなら、それはないでしょう。今までの感覚では、政治は政治、市民感情や生活とは別個のものという感じだったけど、彼ならそれを一体化してくれるのではないか、と信頼できそうです」

その結果は、百九十二万票を獲得してのトップ当選、〝田旋風〟が巻き起こった。ちなみに全国区トップスリーは、田英夫（社会党公認）、〝歌のおばさん〟安西愛子（自民党公認）、女優の望月優子（社会党公認）の三人である。社会党がまだ力があった頃で、向米一辺倒の自民党政権に対する抑止力になっていた時代だった。

しかし、田英夫は、百九十二万票も獲得できたのは、テレビの威力であることを十分に認識し、冷静に分析していた。

田英夫がのちに『BIG tomorrow』（平成六年八月号）でこう語っている。

「（『ニュースコープ』の）ネット局がある県はすべて一万票以上。一万票以下の県は、僕の番組をネットしていない県でした。そこで初めてテレビの怖さに気づきました。だからこそ権力を持っている側というのは、必ず自分たちにとって都合の悪いニュースを伝えるところには圧力をかけてくる。でもね。日本の法律では郵政大臣が放送局に免許を与える権限を持ってる。郵政大臣はまさに権力そのものですよね。政府の郵政大臣が権限を持ってる国なんか、先進民主主義の国では、ひとつもありませんよ」

田英夫自身が、そうした政府権力によってテレビのキャスターを追われた苦い体験を持っている。

4 護憲　リベラリストの原点

田英夫は、本来、社会党公認で選挙に出馬するような出自の人間ではない。

「田《でん》」という苗字自体が日本では珍しいが、これは本人もいうように「その昔、先祖は朝鮮か中国から帰化したらしい」家系で、祖父は男爵田健治郎。つまり旧爵位制度のあった時代の貴族で、大正から昭和にかけて衆議院議員、貴族院議員、台湾総督、農商務大臣兼司法大臣、逓信大臣、枢密顧問官などを歴任したほどの政界の大立て者である。

ほかに親戚には代議士になったものが何人かおり、田英夫が政治家になったのは、田一族にとって、別に突然変異ではない。しかし大方は保守党であり、社会党から出馬した田英夫は、やはり異色の存在というべきだろう。父親の誠は元鉄道省（現・運輸省）の高級官僚で、佐藤栄作元首相は当時の部下だったという。その後、東京ステーションホテル会長をつとめた。

田英夫は、そうした貴族の家系に生まれ、戦時中は特攻隊で生き残っている。やがてジャーナリスト、テレビのキャスターとして活躍し、一転して〝社会党のプリンス〟として政界に出馬、最高得票で当選——と聞けば、まさしくその人生は一篇のドラマだが、私が田英夫に興味を抱くのは、彼が権力の横暴と闘ってきた「信念の人」という一点に他ならない。

田英夫は大正十二年（一九二三）六月九日、関東大震災の直前に東京・玉川に生まれた。恵まれた家庭の裕福な幼年時代だったが、小学校に入った年に満州事変が起き、中学校の年には日華事変いわゆる蘆溝橋事件が勃発する。そして高校に上がった昭和十六年（一九四一）十二月八日に太平洋戦争が始まった。小学校から高校（旧制）まで学習院で学ぶが、小・中・高校と進学していくたびに戦争が拡大していった。

当時の学習院は、武者小路実篤、志賀直哉などが輩出しただけあって、『白樺』を読むおおらかな伝統もあると同時に、小学校に入ったときから「お前たちは皇室の藩屏である」という皇国教育を叩き込まれた。卒業式には天皇がご臨席になり、天皇の前で鉄砲をかついで分列行進をやるのである。

一級下に三島由紀夫がいた。田英夫が『一冊の本』（平成十一年七月号）の中で、朝日新聞編集委員・早野透のインタビューに答えて、自分の人生を縷々《るる》語っている。

〈私の一級下に三島由紀夫君がいたんです。本名は平岡。中学一年のとき校友会雑誌に、三島由紀夫じゃないペンネームで書いたんですよ。だれが読んでもすごい天才でした。そのかわり体育スポーツのほうは、彼は全くだめだった〉

〈ボディビルの筋肉というのは、スポーツには役に立たないんですよ。いかにも三島由紀夫君なんです。あれはコンプレックスですよ。我々の学校では、級長を組長と言ったんです。私も彼も組長だった。私は大きい声出して、みんなを引っ張っていくほうだった。平岡君はほんとに勉強ができるんですよ。

軍事教練になると、組長はサーベル吊って指揮官になる。ところが彼が『突撃前へ』と走ったら、みんなに抜かれちゃうからね。彼はなれないわけです、指揮官に。そのコンプレックスが後の『楯の会』になったんだよ。心情はよくわかる。負けん気が強いしね〉

田英夫のほうはスポーツ万能で、特に陸上競技は何でもこなし、高等科時代は百メートル十一秒三の記録を持つ。あまり勉強もせず、陸上競技やスキーに熱中していたが、それでも成績は常に一番か二番を争っていた。そして、高等科を終えると軍隊にとられる時代の学生らしく、田英夫は「完全、純粋の軍国少年」だったと回顧している。

田英夫は、軍隊にとられる前、東京帝大経済学部に進んでいるが、昭和十八年（一九四三）十月には、例の有名な神宮外苑の雨の中の学徒出陣の行進がある。「これはさぼって行かなかった」というが、十二月には海軍に志願した。

ある日、志願兵が全員、剣道場に集められて、指導教官から告げられた。

「お前たちから特攻隊員を募集する。種類は三つだ。舟艇による者、魚雷による者、潜水艦による者。希望者は明朝八時までに申し出ろ」

その夜は眠れなかった。

〈要するに自分で死ぬことを決意するわけですからね。みんなもんもんとしている。そのうち一人ガバッと起きて足音がして、教官室に『入りまーす』と入る。僕らの部屋十二人の中で二人志願した。僕はしなかった。四百人のうち四十人ぐらい志願して、全員死にましたよ、後で考えると。和田君という優秀な学生、『きけわだつみのこえ』に書いている。そのときに志願した人です〉

沖縄が陥落し、いよいよ米軍が本土上陸か、という戦争末期、昭和二十年（一九四五）二月から敗戦までの六ヵ月間、田英夫は海軍の特攻艇の隊長として出撃命令を待っていた。

〈宮崎の延岡の近くの震洋特攻隊にいました。軍艦からあぶれたその他大勢は特攻隊だったわけですね。その震洋と人間魚雷回天、それから特殊潜航艇、二人乗りですね。震洋はモーターボートのような船の舳先に三百キロの爆薬を積んで、そのままぶつかるんですよ。上陸してくる敵船に〉

田英夫の原点はまさにここにある。「皇国少年」がなぜ「護憲派」の闘士に変貌したのか。小沢一郎の『普通の国、日本』が出て、〝普通の国〟論争が起きたとき、田英夫は前出の『ＢＩＧ　ｔｏｍｏｒｒｏｗ』でこう警告を発した。

〈それから終戦までの八ヵ月というのはもうね、死刑の判決を受けた死刑囚が、刑の執行を待つというか……。舳先に爆薬を付けろという命令がきたら、それはもう死刑執行を意味するんです。投げやりになったりしなかったかって？　いえ、もっと真面目でした。なにしろ国のために死ぬことは美しいことだって、教育を受けてましたからね。投げやりになるような奴は始めから志願しませんから〉

〈……そういう体験というのは二度とあってはいけないと思うんです。だから、僕は護憲派であり、戦争反対であり、平和主義であり……。永野前法務大臣のような『侵略戦争の事実なんかない』といったセリフはとってもいえない訳なんですよ。

あえて、バカという言葉を使いますが、小沢一郎さんとかああいう人たちはバカだと思います。この核兵器の世の中、戦争という物についての考え方を急速に変えなきゃいけない。地球すら破壊してしまうのですから。ＰＫＯを認めたり、普通の国なんていってると、とんでもないことになるのがわかっていない〉

田英夫の思想の中核をなしているのは、この特攻隊の体験からくる戦争拒否の姿勢と戦後、大学に戻ってふれたリベラリズム、そして共同通信記者としてのジャーナリスト意識である。

〈大内兵衛、有沢広巳、山田盛太郎、矢内原忠雄、こういう追放されていた大物の先生たちが帰ってこられたんです。何だかよくわかんないけども感動して聞いていた、腹すかせながら〉

皇国教育から戦後の民主主義へ、特別のギャップは感じなかった、という。

〈若いんですね、これは一挙ですよ。新憲法ができた。法学部の宮澤俊義さんの憲法の講義を聞きに行ったりしました。民主主義って何だと、すごい興味ですね。今から思うと、アメリカのインチキ民主主義も混ざっていたんですがね〉

昭和二十二年（一九四七）に東大を卒業したあと、共同通信に入社した。共同通信の編集局長をしていた松方三郎が学習院の先輩で、田の父親と親交があった縁もある。松方三郎はのちに日本山岳会会長もつとめる山岳界の重鎮で、田英夫の仲人でもある。

共同通信は、戦時中は同盟通信という名前で、日本の侵略戦争のお先棒を担いでいた通信社だった。その反省から戦後は一転して、民主的で非常に自由にものがいえる、そんな社風だった。その代わり、公正な報道ということに関しては非常に厳格で、田英夫は一方に偏ったニュースは徹底的にチェックされるという記者魂を叩き込まれた。

だが、やがて田英夫は「公正な報道」とは何かという問題で、先輩と対立するようになった。先輩記者がいった。

「二つの意見が対立している場合には同じ行数だけ書け」

田英夫が反論した。

「そうじゃないでしょう。それでは自分自身が意見を持っていないと同じです。善悪の判定を記者として持たないというのは、おかしいんじゃないですか」

これは田英夫の持論となり、のちに社会部長になったときは、新人記者に対してこう諭すのを常とした。

「記者は無色透明であっていいわけはない。両方の意見を公平に取材することは基本だが、どっちが悪でどっちが善かということを判断する物差しを持て」と。

田英夫が、共同通信に入り、社会部に配属されて最初に担当したのが昭和二十三年（一九四八）の「帝銀事件」だった。翌二十四年には下山、三鷹事件にも遭遇した。国鉄総裁下山定則が登庁の途中行方不明となり、七月六日に常磐線綾瀬駅付近の線路上で轢死体となって発見された事件は、国鉄の人員整理をめぐっての他殺説と自殺説に見解が分かれ、未解決の事件となったが、田英夫は、今はこう確信している。

「当時は駆け出しだから、どうしても警察側に立つ。これは自殺説になる。しかし、今になればアメリカ軍の謀略だと、私は思っていますよ」

戦後五年目の昭和二十五年（一九五〇）は、六月に朝鮮戦争が勃発し、日本の軍事基地としての利用価値を認めるGHQ（連合軍総司令部）が露骨に言論、集会の抑圧措置をとるようになった年である。日本共産党の幹部は公職追放の処分を受けて地下に潜行し、またジャーナリズムを中心に、いわゆるレッドパージが広汎に実行された。

入社三年目の田英夫は、このとき労働組合の書記長になっていた。社会主義なんてかけらも知らなかったが、組合の仲間たちと『資本論』の勉強会などをして、理論武装をしたりした。それで会社側に睨まれてレッドパージにあい、静岡支局に飛ばされた。結果的にはそれがいい経験になった。支局では自分で何でもやらなければいけないからだ。

静岡支局に二年いて、昭和二十七年（一九五二）、日本がオリンピックに復帰したヘルシンキ・オリンピックのとき、陸上のわかる記者ということで呼び戻され、オリンピックにかかわった。〝フジヤマのトビウオ〟古橋広之進の全盛期は過ぎており、四百メートル自由形で八位に終わった非運のオリンピックだった。

田英夫が記者として名を知られるようになったのは、昭和三十二年（一九五七）、日本で初めての南極観測隊に同行取材したときである。この年一月二十九日、永田武南極地域観測隊隊長指揮のもと、二十一人の隊員、宗谷乗組員が南極大陸のオングル島に上陸、日章旗を掲げ、この地域を「昭和基地」と命名した。そして西堀栄三郎を越冬隊長とする十一人が犬とともに越冬し、その後の南極観測の基礎を築いた。

この国家的大事業に同行取材を許されたのは、朝日新聞の記者と共同通信の田英夫だけだった。朝日の記者は朝日のために原稿を書くだけ。あとは読売新聞も毎日新聞も他の地方紙も全部、共同配信の記事に頼らざるをえない。連日、田英夫の書いた原稿が各新聞の一面トップを飾った。それこそ記者冥利に尽きる仕事だった。

「私は文部技術員、文部省の役人にされていたわけです。原稿を書くと永田武隊長に見せる。それでよしとなると、トン・ツーで送るんです、無線で。だから頼信紙に片仮名で原稿を書くんですよ。

それが文部省に届いて、南極記者クラブに発表するわけです。『宗谷にて田隊員発』というクレジットの記事が全国の新聞放送に出ました。記者冥利に尽きる。こんなことは空前絶後、これからあるとすれば、宇宙旅行に記者が行くときでしょう」

こうした他の記者には真似のできない体験が、やがてテレビのキャスターとしても花ひらき、田英夫の「五〇歳」を輝かしいものにしていくのである。

5 圧力　ニュース・キャスターへの風当たり

田英夫が、ニュース番組『ニュースコープ』（TBS系）のキャスターをつとめるようになったのは、昭和三十七年（一九六二）十月からである。同番組が始まると同時にスカウトされた。そして最初のうちは共同通信特信局文化部長の職にあり、テレビはいわば副業だったが、二年後の三十九年四月一日から東京放送に移り、ニュース・キャスターとしての仕事に専念することになった。

今ではどこのテレビ局でもキャスターと称するものたちがゾロゾロといるが、日本での第一号キャスターが田英夫だった。

当時、ニュース・キャスターというものがいかに珍しい存在だったか、『週刊朝日』(昭和三十九年五月二十二日号)が、こう紹介しているほどである。

〈ニュース・キャスターという言葉は日本ではまだ耳なれない言葉だ。が、商業放送オンリーのアメリカのテレビ報道番組では欠かせない存在になっている。もともと地味なニュース番組を何とかおもしろくし、視聴者をひきつけるためには、画面に出てニュースを報道する人間の魅力がカギになる。

そこで登場したのが単なるアナウンサーでもなければニュース解説者でもないニュース・キャスターという新しいタイプのタレントなのである〉

そして、この記事は、アメリカの一流のニュース・キャスターとして、『シー・イット・ナウ』(今こそこれを見よ)という社会報道番組を制作し、テレビ・ジャーナリズムに新風を巻き起こしたエドワード・マローを紹介している。マローはのちに、ケネディ政権の海外情報局長官に抜擢された。

さらに当時活躍中だったNBCのチェスター・ハントレーとデビッド・ブリンクレーのコンビ、CBSのウォルター・クロンカイトの名を挙げて、ニュース・キャスターというものがどういうものか紹介し、日本における第一号キャスターの田英夫の魅力を五つ挙げている。

第一はジャーナリストとしての豊富な経験。第二は話がうまいこと。第三は人柄がいいこと。出自からくる「品のよさは抜群」だ。第四はカンがいいこと。これは生放送の『ニュースコープ』には欠かせない条件だ。そして第五はマスクがいいこと。

私の世代は、日曜日を除いて、毎日午後六時半から二十分間、TBS系で放送された『ニュースコープ』を知っている。田英夫の担当は月火水の三日間（木金土は毎日新聞論説委員の古谷綱正）だったが、その後NHK『ニュースセンター9時』の国際派キャスター・磯村尚徳やテレビ朝日系『ニュースステーション』の久米宏、あるいはTBS系『NEWS23』の筑紫哲也などが登場し、キャスター・オンパレード時代を迎えたが、私はいまでも「田英夫の前にキャスターなし、田英夫をしのぐキャスターなし」と思っている。それだけ彼のニュースの分析と解説は魅力的だったし、私たちにきわめて自然に受け入れられた。

だが、自民党政府、与党はそうは受けとらなかった。むしろ田英夫キャスターを〝反権力〟的立場に立つ危険な存在として煙たがった。

その対立が抜きさしならないものになったのは、昭和四十二年（一九六七）、田英夫が北爆下のハノイに飛んでベトナム戦争の悲劇を訴えた『ハノイ・田英夫の証言』だった。

団塊の世代の第一陣が成人式を迎えた昭和四十二年、ベトナム戦争が拡大し、米海兵隊が一月に南ベトナムのメコンデルタに進攻を開始した。米国務省は、ベトナム参戦の軍隊は四万三千人と発表したが、これは朝鮮戦争最盛時を上回る数字である。

日本政府は、二月に成立した第二次佐藤栄作内閣が、武器の輸出を認める発言をしてアメリカに加担する一方、四月には社会、共産両党推薦の美濃部亮吉が、自民、民社推薦の松下正寿候補に十万票の差をつけて圧勝し、初の革新都知事が誕生している。

アメリカでは、全米各地に反戦気運が高まり、ワシントンでは十万人の反戦集会が行なわれ、デモ隊が国防省前で座り込みの抗議行動をした。日本ではベ平連活動が盛んになり、横須賀で脱走したアメリカ空母の乗組員四人をモスクワに亡命させたりした。これには私の畏兄小中陽太郎や友人たちがからんでいた。小中陽太郎とは、彼が昭和三十九年（一九六四）にNHKを辞めた直後からの知り合いで、翌四十年にベ平連が結成されると同時に小中は参加するが、アメリカ兵を亡命させる秘密のプロジェクトには、その後フリーライターになった私の年若の仲間たちもアジトを提供したりしていた。

その頃、「報道のTBS」と評価されていたTBSは、この年、日本の放送局で初めて北ベトナムへ取材班を送った。そのレポートが十月三十日に放送された『ハノイ・田英夫の証言』だった。

田英夫が前出の『BIG tomorrow』で明かしている。

「当時、東大の新聞研究所が朝日、毎日、読売の三紙のベトナム戦争の記事のニュースソースを調べたら、八〇パーセントがアメリカのAPとかUPIとかのものだった。僕はこれはやっぱり北側からも取材しなきゃおかしいと主張して、一年がかりで工作してハノイに入りました。世界のテレビとしては、西側ではじめて北側を取材した。そうしたらアメリカ側のニュースだけで想像してたベトナム戦争と違う実態がわかった。一言でいえばアメリカは負けていた」

一時間番組の『ハノイ・田英夫の証言』の画面は、北爆下にありながら、明るい市民の表情を映し出していた。その反響はすさまじく、視聴者から手紙がTBSに殺到した。自民党政府は苛立った。

翌四十三年、エンタープライズ佐世保入港の現地報道が放送されると、自民党側が公然と「偏向番組」のレッテルを貼り、田中角栄や松野頼三、橋本登美三郎など六人の自民党の電波族と呼ばれる政治家たちがTBSの今道潤三社長以下に、「なぜそんな番組を放送するのだ」と圧力をかけてきた、とこれまた報道された。

折も折、TBSには「日の丸」事件とか、『成田24時』というドキュメント番組で成田空港問題を取材中のTBSが「プラカードを持った反対同盟の婦人たちを現地取材の報道車に乗せた」といわれる「成田事件」などが相次いで起きていたため、労組側も弱腰になっており、TBS首脳は簡単に自民党の圧力に屈した。

三月二十五日、TBSの某役員が田英夫に「今週中に『ニュースコープ』をおりてほしい」

と要請、田英夫が、

「後任問題があるので、来週にしてほしい」

と押し返すが、結局、強硬なTBS側に幻滅して、三月二十七日が最後の放送となったというのが、田英夫〝解任〟のいきさつであった。そのとき田英夫は四七歳だった。

しかし、今考えてみれば、四七歳でTBSを辞めたということは、来るべき「五〇歳」を迎え、花を咲かせる土壌を整えていた時期だったともいえる。実際、ビジネスマン社会でも、有能な才能を持ち、会社に貢献してきたはずの幹部候補生的社員が、ある日突然、首脳部の変節、自己保身などによって、左遷、リストラされる例はままある。これからはもっと多くなるに違いない。

そこで、私はあえていいたい。いつまでも首脳部の裏切りを怨んでいても、明日はない。自分が惨めになるだけだ。過去の実績から自分に何ができるか、を洗い直し、そして今後の生き方を冷静に凝視《みつ》め、対応を誤まらなければ、「捨てる神あれば、拾う神あり」である。もっと前向きに生きるべきだ。

田英夫の場合は、すぐに社会党の成田知巳委員長のお声がかりで、参議院選挙に出馬し、全国区でトップ当選を果たした。そして今度は、ニュース・キャスター田英夫の首を取った自民党政府と同じ国会の場で闘う身に転身したのである。それが田英夫の「五〇歳」だった。

「信念」というのは自分の生き方の総括として構築される。反権力、言論の自由に象徴される民主主義を守る田英夫の政治的信念は「五〇歳」を過ぎて、ますます絶対的なものになっていった。

社会党公認で立候補し、参議院議員となった田英夫は、その後、教条主義的な協会派と合わず、昭和五十三年（一九七八）に社会党を離党して社会民主連合（社民連）結成に参加、代表となる。

そして、昭和五十八年（一九八三）の都知事選挙に立候補する意欲を示した。革新都政を願う都民代表から、

「一万人のアンケート調査の結果を通じて、あなたが都知事選候補として最もふさわしい」と出馬を要請されたこともあるが、田英夫自身が、中曽根康弘内閣が発足以来、「軍拡路線を突っ走り、このまま行けば憲法改正までやりかねない」と、政治状況を深く憂慮していたからだった。

しかし、この出馬劇は結局、社民連内部から「党代表が都知事選になれば、社民連の組織がガタガタになる」という反対論が出て、見送られることになった。都民のことを考える以前に、相変わらずバカバカしい党利党略の姑息なやり方で、社民連はその後消滅するが、私にいわせれば消滅するのも当然だ。その結果、鈴木俊一知事が再選された。このとき田英夫が出馬していれば、都知事に当選する可能性は十分にあった。そうなれば石原慎太郎現知事より先に、新しい都政がひらかれる期待もふくらんでいたのである。

田英夫が最も激しい憤りを行動で示したのは、やはり「民主主義のあり方」に関する問題に対してだった。

平成五年（一九九三）、いわゆるテレビ朝日の「椿発言騒動」という問題が起きた。テレビ朝日の椿貞良報道局長（当時）が、民放連の放送番組調査会で話した内容が、産経新聞によって、「非自民政権が生まれるよう報道せよ、と指示した」と報じられ、これが大問題となって、証人喚問という事態にまで発展した。

証人喚問がアッという間に実現したことに驚き、田英夫は「自民党はテレ朝を批判できるのか」（『月刊Ａｓａｈｉ』平成五年十二月号）という一文を書いた。

〈証人喚問というのは、国会の中で感じてわかるのだが、ロッキード、リクルート、佐川、ゼネコンと続いてきた汚職の歴史の中でも、本来、容易に実現できる問題ではないのである。それがあっという間に実現してしまったというのは、驚き以外の何物でもない。

自民党には、「言論の自由」や「民主主義」に対して一顧だにせず、自分たちの意に染まない報道は権力でたたきのめすという古い体質があり……〉

田英夫は、自民党だけでなく、社会党を含めて、政権与党（細川連立内閣）が唯々諾々とこの自民党の証人喚問をのんだことにも驚き、各党の党首宛に次のような抗議文を送った。この抗議文こそ、田英夫の「信念」のあかしだと思うから、ここに再録してみたい。

抗　議

今回、いわゆる「テレビ朝日問題」で衆議院政治改革特別委員会がテレビ朝日椿前報道局長を証人として喚問することを決定したことは民主主義の基本である「言論の自由」に対し強い圧力を加えるものであり、強く抗議する。

一、今回のテレビ朝日の椿報道局長の発言は、もし事実とすれば不謹慎のそしりを免れない。しかしこの問題に対する対応はテレビ朝日及び民放連が自主的に行うべきものであり、国会や行政府が介入することは「言論の自由」に対する重大な圧力となるおそれがある。

一、電波は本来国民の共有物であり、民主主義体制のもとでは、電波の割り当て、放送局の免許権は国民から選ばれた民間人によって行われるべきである。ところが日本では電波法第四条によって政治権力者である郵政大臣が握っている。これは民主主義の原理に反するといわざるをえない。貴党が民主主義を尊重されるならば「言論の自由」に介入するのではなく、前述の電波法の改正に真剣に取り組まれるよう要請する。

一九九三年十月二十一日

参議院議員
田　英夫

〇〇〇党殿

たとえ一人になっても、「言論の自由」を守ろうとする気構えと勇気が、ここから読みとれる。これこそ田英夫が「五〇歳」で参議院議員になったときから培ってきた信念であろう。

田英夫は今、社民連から再び社会党（現・社民党）へ戻っている。旧社会党の多くは民主党に吸収され、社民党と改名した党は、それこそ存続の危機に立たされている〝落ちめの社会党〟になってしまった。しかし、護憲を党是とする数少ない政党の誇りに生きている。今や自民党を中心に改憲論が噴き出し、民主党も論憲などといっているが、私は今の「平和憲法」は守るべきだという立場に立つ。その点からも田英夫の生き方を支持する。護憲リベラリストの田英夫は、その思想的ふるさとに帰ったというべきだろう。

6 先師『日本人とユダヤ人』が問うもの

私の年来の友人が、赤坂で居酒屋をやっていた。その店は、昼は定食も出しており、鯖のみそ煮定食などがサラリーマンやOLたちに人気があった。赤坂で最も賑やかな通りに面したビルの二階にある店は、カウンター中心の店で、昼ともなれば客で満杯になるが、一時を過ぎると、さあーっと波が引いたように、あとは静かになる。

平成十一年、つまり昨年の秋のある日、一時を過ぎて、店主である友人がホッと一息ついた頃、老婦人が一人でふらりと入ってきた。そして、鯖のみそ煮定食を頼み、こういうお店があるのはありがたいわ、といった。赤坂界隈に洒落たレストランや高級な店は多いが、気楽に家庭の味を手軽な値段で食べさせる店は意外と少ない。

品のいいその婦人は、この通りにあるシティ・バンクに来て、銀行からすぐ近くに出ているこの店の看板とメニュー書きを見て、偶然入ってみた、と話した。近々ニューヨークに行く、ともいった。

「ニューヨークですか、いいですねえ。お仕事の関係でも行かれるんですか」

店主があたりさわりのない程度に聞くと、

「息子がニューヨークにいるの」

と婦人が答え、店主が「自由に東京とニューヨークを往復できる人は羨ましいですねえ。お仕事は何ですか」と尋ねると、その婦人が笑った。

「日本一小さい書店をやっているの」

私の友人は、ハッと思いあたることがあった。

「もしかして、山本書店ですか」

今度は婦人が驚いたようだった。

「あなた、よくご存知ね」

「以前に、山本七平先生にお会いしたことがありますから」

私の友人はマスコミ界で長く仕事をしている人で、その店はマスコミ関係者が集まるサロン的な場でもあった。それから友人と山本夫人との間でひとしきり話に花が咲き、夫人は、ニューヨークから帰ってきたらまたくるわね、といって店を出て行った。

私は、友人からその話を聞き、山本七平こそ「信念の人」だったと、懐かしく名前を思い浮かべた。

山本七平は、私が『マッキンリーに死す』（植村直己の栄光と修羅）という本で、昭和六十一年（一九八六）に講談社ノンフィクション賞を受賞したときの選考委員の一人だった。選考委員は、梅原猛、加藤秀俊、城山三郎、立花隆、柳田邦男、山崎正和、そして山本七平の七氏で、私の『マッキンリーに死す』と塚本哲也の『ガンと戦った昭和史』の二作が同時受賞となった。山本七平の選評は温かかった。

〈今回の候補作はいずれも水準が高く、さらにそれぞれの主題が全く違うので、選考には相当に苦労した。（略）だが結局、審査の冒頭で最も評価の高かった二作の受賞となったところをみると、落ち着くところへ落ち着いたという気がする。（略）共に優等生的作品であり、

瑕瑾の指摘はできても欠陥といえる点は皆無である〉

七氏による選考ともなれば、なかには辛口の選評もあっただけに、私にはありがたい言葉だった。授賞パーティでも、やさしく励ましてくださったのを、私は忘れない。

山本七平は、私とは全く世界観が異なるが、該博な知識と豊かな洞察力に支えられた「日本人論」、いわば「山本学」には深く啓発させられるものがあり、私の尊敬する大先輩だった。

山本七平は、平成三年（一九九一）十二月十日、膵臓ガンで亡くなったが、その死を追悼した『週刊文春』（同年十二月十九日号）の中で、渡部昇一が語っている。

「それまで日本の評論家にあった、官立大学を出て独語の論文を読んだ人というイメージを払拭してくれました。また、ユダヤ人という、欧米でも日本でもない視点から、初めて日本人を眺めた人です」

同様に、評論家の山本夏彦も惜しんでいる。

「朴念仁という言葉がありますが、いい意味で君子仁でした。あの人は〝情報社会〟なんて胡散臭いものは信じてなかった。テレビは見ないし、文字・活字の世界の人でした。あの該博な知識は文字から得たものです。

私と似ているなと思ったのは、浮世のことには関心がなく、今のことは昔おきたことと同じで名前が変わっただけと思っていることでしたね」

浮世のことに関心がないといえば、山本七平の世事の疎さは、こんな言葉にもあらわれていた。

「川上哲治？　プロ野球も見たことはない。名前は知っています。古橋広之進？　新聞で名前は知ってます。美空ひばり？　名前は知っています」

山本七平を世に送り出したのは昭和四十六年（一九七一）、山本書店刊のイザヤ・ベンダサン著『日本人とユダヤ人』である。この初版はわずか二千五百部だったが、その視点のユニークさと鋭い日本人論が話題となって大ベストセラーとなり、大宅壮一ノンフィクション賞を受賞した。

このとき山本七平は「五〇歳」だった。つまり山本七平の輝かしい評論家活動は「五〇歳」から始まったことになる。著者イザヤ・ベンダサンがいっさいマスコミに登場しなかったため、実は山本が著者ではないかという噂が流れたのも、この本の話題の一つだった。出版界では「ベンダサンと山本七平は同一人物」が常識である。

『日本人とユダヤ人』が私たちを強烈に刺激し、日本人とは何か、を改めて考えさせてくれたのは、豊かな学識と深い洞察力に裏打ちされた新鮮で鋭い問題の問いかけだった。すでに「はじめに」で、著者が自己表白している世界そのものが知的で、賢者の言葉になっている。

〈私はユダヤ人であるから、「さとき人は知恵を隠す、しかし愚かなるものは（自分で）自分の愚かさを表わす」、「愚かなる者のくちびるは、自分を捕えるわなとなる」、「隣人をあなどる者は知恵がない」、「剣をもって刺すように、みだりに言葉を出すものがある。しかし知恵ある人の舌《ことば》は人を医す」といった古きユダヤの賢者の言葉を正しいと思っている。従ってアメリカ的率直さとは「理解していません」に外ならず、西洋的傲慢《ごうまん》さとは「理解する気は毛頭ありません」に外ならないと思っている。ましてや「礼儀よりも真理」などというゲルマン人の言葉などには全く無縁で、「優しい舌《ことば》は命の木」であると思っている。また、自分がごく平凡な人間であることを知っているから、「すぐれた言葉は愚かなる者には似合わない……」という遺訓を守り、偉そうな言葉を並べたお説教などする気は全くなかった。にもかかわらず、両国民の文化も環境も歴史も余りに相違しているので、理解しようと努力しつつもなお理解しきれなかった点が多々あることと思うし、「言葉多ければ、とがを免れない、自分のくちびるを制する者は知恵がある」という祖先の教えを守りきれず、ついつい非礼となった点もあるかと思う。もしあれば「強者の宥恕《ゆうじよ》」をお願いし、理解不足の点はご教示いただければ幸いである。「愚かなる者は悟ることを喜ばず、ただ自分の意見を言い表わすことのみを喜ぶ」と相成っては、御先祖様に相すまないからである〉

無数の賢者の言葉をちりばめて、改行なしに滔々と流れる文脈は快いリズムをなし、そのまま日本人に対する警句となっている。まことに凡人の及ばぬ才識である。評論家の小室直樹は「山本七平は、神に選ばれた人間である」と評した。むべなるかなである。

実際、山本七平は三代にわたるキリスト教徒であった。

山本七平は、大正十年（一九二一）十二月十八日、東京・世田谷の三軒茶屋に生まれているが、一代目は父親の母親の兄（つまり大伯父）で、明治時代のクリスチャンは真面目だったから、禁酒、禁煙で毎日必ず聖書を読んだという。この大伯父の弟が「大逆事件」で幸徳秋水と一緒の大石誠之助で、あの事件以来、一家は「逆賊の一族」視されてきた。

父親は、内村鑑三の無名の弟子で、無教会派の牧師をしていた。だから七平は、生まれたときから聖書を聞かされて育ったという。

「七平」と命名されたのも由来がある。誕生した十二月十八日は日曜日で、キリスト教では日曜日は平和、安息の日である。また七という数字はキリスト教の伝統の中で「幸福」を呼ぶ数字とされている。したがって「七平」という名前には「平和の象徴」という意味が込められているのである。

私たちは、信者でないかぎり、あまりにも聖書について知らなすぎる。その迷妄をといてくれたのが、山本七平が書いた『聖書の常識』である。そのいきさつなどを山本七平が『週刊現代』（昭和五十六年一月一日号）で語っている。

「聖書と無縁な日本では、聖書についての誤解が充満している。誤解はたくさんありますが、聖書を一冊の本として、創世記、出エジプト記などを章と思っている人が多いでしょう。しかしそうではなくて、旧約は創世記から始まって三十九冊の本、新約はマタイによる福音書から始まって二十七冊の本から成り立っているんですよ。だからこれは全書であって、一冊の本ではない」

「聖書は宗教書という誤解もある。聖書のなかには宗教書に分類されるものもありますが、それは聖書の一部であって、すべてではないのです。聖書は、たとえば『法華経入門』といった意味での宗教書ではないのです。

聖書はキリスト教の聖典だという受け取り方も誤解です。日本人はキリスト教を通じて聖書を知ったのだから無理もないですが、聖書の歴史はキリスト教の歴史よりもはるかに古いのですよ。もっとも古いものはキリスト教の発生の五百年前から存在していたのです」

そして、山本七平は、聖書が三つの宗教と大きくかかわっていることを説く。

「聖書をキリスト教の独占物と考えるのは誤解なのです。逆に、聖書から宗教が生まれてくる。旧約にタルムードがプラスされたのがユダヤ教、旧約に新約がプラスされたのがキリスト教、旧約にコーランがプラスされたのがイスラム教なんです。そしてユダヤ教、キリスト教、イスラム教は、現代世界の大部分になんらかのかたちで影響を与えている。その影響を受けなかったほとんど唯一の民族が日本というわけです」

キリスト教徒の山本七平がユダヤ教、イスラム教の蘊奥を究めているのも当然である。『日本人とユダヤ人』に書かれた次の警句などに日本人が虚を衝かれたのも、著者の指摘が正鵠を射ているからに他ならない。

〈「生命の安全が何よりも第一である」といえば、「あたりまえだ、そんなことはユダヤ人から聞かなくたって、よくわかっている」と日本人は言うであろう。だが、駐日イスラエル大使館がまだ公使館であったころ、日本人に親しまれたある書記官がつくづくと言った。「日本人は、安全と水は無料で手に入ると思いこんでいる」と〉

日本は、安全も自由も水も、常に恵まれていた。むろん戦前や戦時中は憲兵や特高が自由を束縛していたが、共産主義者やアナーキストを除けば、生命の危機までには至らなかった。戦後はもう安全も自由も水も、さして脅されることはない。だが、砂漠に行けば水筒一本の水が時にはジョニ黒一万本より価値があり、安全と自由を守るためには、大金を払っても自己防衛しなければならない。

著者は断言する。

〈日本民族は、何の苦労もなく育ってきた秀才のおぼっちゃんである。といえば、多くの日本人から、ごうごうたる反論がまき起るであろう。しかしその反論の一つ一つを検討すれば、おぼっちゃんほど、自分も人並みの苦労をしたと言いたがるそれと同じなのである——少なくともユダヤ人の目には〉

確かに反論があるならば、あるいはまだこの本にふれるチャンスがなかった団塊の世代がいたら、自分の今の年齢と同じ年に山本七平が書いた『日本人とユダヤ人』を改めて読まれることを、私はおすすめしたい。この本には「五〇歳」からの人生を生きる上での智恵がいっぱいつまっている。

そして、私には、「五〇歳」にしてこの『日本人とユダヤ人』を世に送り出すまでの山本七平の人生がある種の痛ましさを伴って迫ってくる。

7 希望 山本七平の「生きる」とは何か

〈すべては過ぎ去ったこと、それがどうであろうとももう良いではないか。そんなことより、これからどう生きて行くかが差し迫った最も大きな問題ではないか。これが復員したときの偽らざる私の気持ちであり、そして多くの人の気持ちであったと思う〉と山本七平は、『一下級将校の見た帝国陸軍』の「あとがき」に書いているが、これは反語である。

山本七平の原点は、キリスト教徒であると同時に、否応なしに組み入れられた軍隊生活から全てが発している。

団塊の世代はむろん戦後に生まれたから、軍隊生活の苛酷さを知らないが、山本七平は青山師範の附属から青山学院高商部に入り、卒業したのは昭和十八年の学徒動員の一年前だった。そして大阪商船に入社したあと、軍隊にとられた。第二乙種である。

兵役検査は第一が甲種合格、それから第一乙種、第二乙種、そして丙種となる。七平は結核の既往症があるので第二乙種となった。これは召集がくるかこないかのすれすれだったが、昭和十七年（一九四二）十月、近衛野砲連隊の幹部候補生として、豊橋の予備士官学校に送られた。そして十九年の天長節（昭和天皇が生まれた四月二十九日）に前線に出され、ルソン島に上陸したのが六月十五日。アメリカ軍がサイパン島に上陸した日だった。

「これはどうにもならんということは、中にいればすぐわかりましたよ。戦況は絶対秘密になってたけど、わかりますよ。砲兵隊というのは、陸軍の中ではわりあい科学的だったんです。必勝の信念を持てといったって、砲弾が当たらなければなんの意味もない。司馬遼太郎さんは戦車の怨み、安岡章太郎さんは機関銃の怨み。みんな自分の兵器が駄目だったことは否応なく知ってましたからね。一国の兵器はその国の重工業の水準をそのまま表すから」

そして、昭和二十年八月十五日の敗戦。

「降伏の連絡に行ったのが私なんです。九月十二日でした。お前は英語ができるからというんで、白旗かついで、兵隊一人連れて、これが一番恐かったですね。パンと撃たれたら、終わりですから」

捕虜になった山本七平が、復員したのは昭和二十二年一月だった。即ち団塊の世代の第一陣が生まれた年である。部隊で生きて帰ったのはわずか一割で、それもマラリア、結核、胃痙攣の三つの病気に冒されており、精も根も尽き果てたという状態での生還で、山本七平も骨と皮ばかりだった。マラリアはその後十年も山本を苦しめた。

戦後は出版社の編集や校正の下請けをして食いつなぎ、自分でもやってみようか、と山本書店を始めたのは昭和三十三年（一九五八）、三六歳のときである。その頃は、結核もストレプトマイシンでおさまり、胃の手術もすみ、ようやく人並みの状態になっていた。

山本書店の記念すべき一冊目の本は『歴史としての聖書』という本だった。校正刷りには、印刷屋を泣かせるほど、真っ赤な朱が入っていた。そこに山本の全身全霊をこめた熱気が伝わっていた。その後の『新訳ギリシャ語辞典』は七年かかった。支払いはあるとき払いの催促なし。この当時はまだ日本にも儲け至上主義ではない、こういう文化の継承者がいた。印刷代を払い終わったのは『日本人とユダヤ人』が売れたあとだったという。

戦後、日本はあらゆる面で価値観が変わった。が、山本七平はそこに胡散臭いものをみている。

〈最初にこれを強く感じたのは、辻政信の華々しい復活であった。確か六〇年安保の少し前と思うが、参院選における彼の街頭演説の現場を偶然目にし、その痛烈な岸首相批判演説と実にみごとな演技と、それに対してやんやの喝采を送り、次々と握手を求めている聴衆の姿を見たときであった。なぜこれが可能なのか、なぜこれが常に通用するのか。なぜ彼が常に一つの「権威」として存続しうるのか。彼よりもむしろ、興奮し喝采し声援を送っている人びとの姿に、私は、あの敗戦も克服し得なかった〝何か〟を感じた〉

と山本は『一下級将校の見た帝国陸軍』に書く。辻政信は、旧帝国陸軍の参謀であり、昭和十六年の太平洋戦争開戦時の東条英機内閣の商務大臣をつとめた岸信介と同根の人である。

〈追究するその人が、自分が戦争中何を信じ、何を言い、何を行なったかを忘れかつ棄却するための他者への追究は、追究という名の打ち切りにすぎない〉

これは辻政信にとどまらず、日本人そのものへの批判ではないか。

山本七平はいう。

「戦後にいろいろ変わったとしても、誰も、何もほんとのところは信じていなかったということですよ。大日本国は神国だとは思っていなかったし、天皇は現人神だとは誰も思っていなかった。全部フィクションであったということです。信じていたら、あんなに変わることはできないですよ。ユダヤ人なら変わらない。国が亡びても変わらないですからね」

山本七平が『日本人とユダヤ人』を出した理由もそこにある。

『日本人とユダヤ人』がベストセラーになり、ユニークな切り口をもった評論家として登場した「五〇歳」からの山本七平の活躍は華々しい。

日本に〝オイルショック〟が襲い、トイレットペーパー買い占めなどのパニックが起こり、時の三木武夫副総理がアラブ諸国へ「石油外交」に詣でたのは昭和四十八年（一九七三）だったが、山本七平はそのとき、ある対談でこう苦言を呈していた。

「親アラブっていうのはウソで、親アブラ（油）じゃないか、あれは誤植じゃないかと笑ったんですよ。親アラブというなら、せめてもうちょっとアラブの歴史とか文化に興味を持つべきでしょうね。興味があるのは油だけではね」

多忙な仕事の一方で、山本七平の後半生は病気との闘いでもあった。身長は百七十二センチあったが、痩身で、見た目にも虚弱体質が一目瞭然だった。健康法は怒らないこと。そこからこんなエピソードまである。

昭和三十八年（一九六三）十月の深夜、その頃住んでいた世田谷区経堂の家から出火した。

「夫が『火事だよ、火事だよ』って小声で起こすんです。『どこ？』と聞くと、『ここだよ、ここ』ですって。大慌てで御近所に知らせたりしましたが、家は全焼、原因は漏電でした。夫が子ども時代から集めた蔵書と、山本書店の新刊本も全部焼けたのです。書庫を増築して三日めのことでした。運びだせたのは夫の背広と、聖書ぐらいでした。夫の健康法は怒らないこと、なのですけれど、火事のときでも大声をださないのはさすがといいますか（笑）」

これは妻のれい子の打ち明け話である。ここまでくるともう、火事も神の御心と達観していた、としかいいようがない。

妻のれい子が、夫の体が弱っているな、と気づいたのは平成二年（一九九〇）五月の連休に、夫妻でシリアとヨルダンの旅に出かけたときだった。山本は河をへだてた対岸のイスラエルのことばかり考えている人なのでシリアやヨルダンに行く機会が今までなく、今回の旅をとても楽しみにしていた。

しかし、三十数時間の強行日程で、山本七平は食事もとれないくらいに疲労困憊していた。ヨルダンに入り、ネボ山に登ったときのことを、れい子が「最後まで闘った夫・山本七平」（『文藝春秋』平成四年七月号）に書いている。

〈旧約聖書の『申命記』の中に、モーセがネボ山で約束の地を示される場面があります。神様が乳と蜜の流れるカナンの地を指して、ここが「約束の地」だという。けれどもモーセは身体が弱って「約束の地」まで行けない。すると神様が、モーセよ、よくやった、と言うんです。モーセはそのまま結局「約束の地」に足を踏み入れることなくネボ山で昇天してしまいます。

そのネボ山に主人とふたりで立った時、私はそうしたモーセの気持ちを思って、つい泣けてきてしまいました。主人は父の代からのクリスチャンですから、こういう場所に来ると聖書を読み上げるんです。でも、昔から主人は何度も手術をしてきた人ですから声量がありません。ですから私が代読してあげることにしました。

「これは〈おまえの子孫に与える〉と、アブラハム、イサク、ヤコブに誓ったその地であ

る。私はこの地を見せた。だが、おまえはそこへ入れない」（聖書より）

私はなんだか、聖書を読みながら「これが主人との最後の旅になるかもしれない」と感じたのです。今思うと不思議な予感ですけれども、結果的にはこの旅行がふたりでゆっくりできた最後の日々になりました〉

最後の訪問地パルミラの遺跡で素晴らしい夕陽を見た。

妻のれい子は、聖書の中にある、「人生の夕暮れにあって、なお光がある」という言葉を思い出して、「主よ、ともに宿りませ」という賛美歌を口ずさんだ。

日暮れて四方《よも》は暗く
わが魂《たま》はいと寂し、
寄る辺なき身のたよる
主よ、ともに宿りませ。

〈今思えば、これもまた主人の人生の最後のような夕陽でした〉

山本七平は、膵臓ガンに冒されていた。ガンと知ったとき、こうつぶやいた。

「僕は最初の胃痙攣の手術以来、四十年間もこうして生かされてきたんだ。これまでの人生は、本当に感謝なんだよなあ、感謝なんだ、感謝なんだ」

亡くなる二日前の早朝、すさまじい痛みがきて、意識が混濁し、やがて昏睡が始まったが、次の日、突然目をさますと、見守る家族や闘病を支えている人たちに、十時間近くも語り、最後の「対話」をした。ベトナム戦争の話あり、冗談あり、山本七平は楽しそうだった。ニューヨークに住む一人息子の良樹もそこにいた。良樹の手記にこうある。

〈深夜過ぎ、父は便が溜まっていると言うので、身体をさすり、お灸をし、私は生れて初めて父の便を取りました。父は母にこう語っておりました。

「出来る限りトイレには自分で行く。人間の身体は、本当に苦しくなってくると、便通が最大の負担になる。私は戦場で、死にゆく戦友達一人一人の便を指で掻きだしたんだ」

ビニール手袋を手にはめて便を取ると父はとても喜びました。

「おお、出てくる、出てくる」

と、父はイタズラっ子のように言いました。片足を山本書店の者が支え、もう片方の足をお灸の先生が支える。そして号令をかける父。そこには不思議な「浄福感」が漂っていました。そのあとアルコール綿でお尻を拭く。

「そんなに何度も拭いたら、お尻が酔っぱらっちゃうよ」

とまたジョーク〉

山本七平が逝去したのは翌朝、平成三年十二月十日、七〇歳の誕生日をあと八日で迎える直前だった。

山本七平が私たちに問いかけた「日本人とは何か」、さらには日本という風土から、キリスト教を通じて、汎地球的規模、宇宙的な世界まで洞察した「生きるとは何か」という卓見は、まさに「預言者」の言葉そのものだった。キリスト教の山本七平と仏教に関心がある私とでは宗教的な立場は異なるが、私は山本七平から啓発されたものがもっとも大きく深かった。今の日本人にもっとこの先師のことを知ってもらいたいと思う。

私たちは、団塊の世代も含めて、これからの人生を生きる上で、山本七平のような「信念の先師」から学ぶべきことは多い。

第五章　メディアの〝変革者〟たち

①天職 「五〇歳」で監督になった伊丹十三

「映画が丸ごと天から降ってきた」

伊丹十三は『お葬式日記』にそう書いている。映画監督としての伊丹十三のデビュー作は昭和五十九年（一九八四）の『お葬式』だが、このとき彼は五一歳だった。

「父親が映画監督だったでしょう。だから、子供のときからずっと映画監督だけはなるまいって決めてたんだよね。いろいろやって、どの仕事もそれぞれに楽しかったですけど、それで自分が表現できたという満足感は、全然なかった。今思えば、それまでやってきたことは全部監督になるための準備だったんだよね」

『お葬式』が大ヒットし、次々に話題作を作ったあと、伊丹十三はいろいろなインタビューに答えているが、これは『ＭＩＮＥ』（平成七年十一月号）で語った言葉である。

伊丹十三の監督デビューは団塊の世代が今直面している年齢で、普通ならそろそろ定年後の人生を考え始める歳ごろに、新しい人生をスタートさせた。

「映画なんて金輪際いやだった。僕はテレビの方が合ってると思ってました。テレビの番組づくりが一番性に合ってるし、ずっとやっていくんだと思ってました。ところが五〇歳近くになったときにムラムラと映画への興味がわいてきた。それはなぜだか分からないんだけど、父親が死んだのが四六歳で、自分が子供を育てて父親の死んだ年齢を越したあたりから父親に対して、素直というか、親しい気持ちがわき起ってきたんです。心の中で父親と和解したという」

こちらは『VIEWS』（平成八年七月号）の「伊丹十三の『日本人論』」から引用したが、伊丹十三にとって、父親の存在は非常に大きかった。

私は大学で演劇を専攻したのでむろん知っているが、伊丹十三の父、伊丹万作は日本映画界草創期の巨匠監督で、サイレント時代の伝説的な名作『国士無双』をはじめ『赤西蠣太』などの傑作を残し、結核で闘病生活に入った晩年は脚本家として、稲垣浩監督の『無法松の一生』などを担当した。昭和二十一年（一九四六）に四六歳で没したが、日本映画の歴史を語る上で欠かせない存在である。

今のように親が子供をベタベタと溺愛するのとは違って、伊丹十三の年代、あるいは少し下って私の世代の親は、むろん子供への愛情はあるのだろうが、それを表面に出したり、直接行動で示したりはしない。それに伊丹の父、万作は、当時、恐れられていた結核で、隔離を余儀なくされる病気だった。

「子供が成長していく上で父親の役割は不可欠なんですが、僕の父の場合その役をやる前に死んでしまった。父は結核だったということもあって、伝染性の病気だから僕と接触しようと思ってもできなかった。父は子育てを我慢してたと思う。父は二階で寝てて、僕らは下でひっそり息を潜めるような、騒ぐとすぐ怒られるような家庭だった。だから僕の父は父親の出番なしで死んでしまって、そういう意味ではかわいそうな人だと思います。

母親も子供みたいな人で、言葉で僕を説得する能力がないので、叱る役だけを父親に押しつけた。だから僕の場合、世界の形成というのは非常に遅れていましたよ。どうやって生きればいいのか全然分からなかった。ごく普通に父親の役目を受けて成長した人間とのギャップはすごくありましたね。それは今でもある（笑）。人づきあいとか今でも下手ですよ」

この言葉は精神病理学的にはいろいろ分析できるのだろうが、しかし、映画界の巨匠、父伊丹万作が息子の十三に「創造」という遺伝子を伝えたことはたぶん間違いはない。それは最初別の形となって現われた。

伊丹十三（戸籍名・義弘）は、昭和八年（一九三三）五月十五日、京都で生まれている。京都の小学校時代に、すでに英語の勉強をしていたという伊丹のその後の青春は、常に「天才的」という形容詞がつき、事実、その活躍は、私などからみてもまばゆいほどだった。寺山修司などもそうだったが、世の中に多彩な才能をもった早熟な天才というのは確かに存在する。

伊丹は、学歴は父の郷里の松山南高卒となっているが、二十代前半には商業デザインやレタリングの分野で注目され、父伊丹万作の全集（筑摩書房）のタイトル文字を書いたり、作家・山口瞳の単行本の装丁を手がけたりしている。

二七歳で大映に入社して、映画に出演。伊丹十三を一躍有名にしたのは、チャールトン・ヘストンらと共演した『北京の55日』だったが、この出演には裏話があって、彼の義母にあたる東和映画の川喜多かしこが娘婿を強く推輓したからだという。このとき伊丹十三は、東和社長・川喜多長政とかしこ夫妻の愛娘和子と結婚していた。

このあたりは父伊丹万作の血を引く毛並の良さで、ノーベル賞作家・大江健三郎の夫人は彼の妹である。

当時では珍しく二十代でヨーロッパ旅行をしていた伊丹十三は、『ヨーロッパ退屈日記』という本を書き、ここでもまた話題になる。

この文庫本のあとがきに、山口瞳は、

〈本書を読んで、ある種の厭らしさを感ずる人がいるかもしれない。それは「厳格主義の負うべき避けがたい受難」であろう〉

と書いている。確かに伊丹十三が発散するのは一見衒学的ととられても仕方がない厳格主義、完璧主義だった。それは必ずしも大衆に受け入れられるものではない。

その後の伊丹十三は、ロータス・エランを駆って仕事に飛び回り、俳優の仕事をこなし、デザイナーとしても活躍、エッセイも書き、翻訳もこなし、自宅では夫人とともにバイオリンを弾き、画を描き、料理も玄人はだし……といった具合で、〝マルチ人間〟の元祖となった。

テレビ製作に興味を持ち出した昭和四十年代には『遠くへ行きたい』(日本テレビ系)など幾つかのドキュメンタリー製作にもタッチし、昭和四十六年(一九七一)に自ら演出した『天皇の世紀』では第四回テレビ大賞を受賞している。

また映画では、昭和五十八年(一九八三)、森田芳光監督の『家族ゲーム』、市川崑監督の『細雪』、降旗康男監督の『居酒屋兆治』などの出演が評価され、翌五十九年キネマ旬報の助演男優賞を獲得している。実力も折り紙つきなのである。

しかし、そうした映画に立て続けに俳優として出演している合間に、伊丹十三は映画を観まくっていた。その数は年間二百本にもおよぶ。彼の生来の天才性とエンターテインメントの才能が完璧に表現できる世界——伊丹十三は「五〇歳」で映画監督という仕事に行きついた。

直接のきっかけは妻・宮本信子の父親の葬儀だった。

伊丹十三は、川喜多和子とはすでに離婚し、昭和四十四年(一九六九)一月に宮本信子と再婚していた。NHKの連続ドラマ『あしたの家族』で共演して以来の付き合いで、その〝結婚式〟というのもまさしく型破りなもの。

「ほんとは一ヵ月ほど前から同居してました。でも、区切りをつけるために式をあげようと、友人であり文章の師匠でもある山口瞳さんに仲人をおねがいして、東京・国立の谷保天神に、初もうでと結婚式をかねてお参りしたんです。ふたりともふつうの服装で、オーバーも着たまま、百円のおサイ銭をあげて手を合わせて、それでスミです」

当時、花婿が語った言葉だ。

三三九度は、山口瞳宅で祝ったおトソで代用。一月六日に千代田区役所へ婚姻届を出した。伊丹十三、三五歳。新婦の宮本信子は二三歳だった。その後、万作、万平という二人の男の子が生まれている。

実際に、宮本信子の父の葬儀を出したのが昭和五十八年（一九八三）九月。それに着想を得て、正月休みの一週間で一気にシナリオを書きあげた。タイトルはその名もズバリ『お葬式』。それを読んだニュー・センチュリー・プロデューサーズ代表の岡田裕が「おもしろいやろう」といった直後の一月十八日にはもう第一稿の台本が刷り上がっていた。

「人間というのは何々家の長男の嫁というぐあいに常に役割を演じているわけですが、葬式の場合は特にそれが強調されますよね。葬式で演じる役というのが日常演じている役柄と少しズレてくる。そこにいろいろな人間模様がでてきて、まあ涙もあれば笑いもあるしで、相当不可解な喜劇になりそうですね」

撮影に入った直後、伊丹十三は雑誌『ef』（昭和五十九年九月号）のインタビューで答えているが、五一歳で監督 "初体験" の意気込みは、第一稿の台本が刷り上がったその日のうちに山崎努の家を訪ねて出演交渉していることからもうかがわれる。

　義父を亡くした主人公、つまり伊丹自身の役に山崎努、ほかに宮本信子、大滝秀治、笠智衆、財津一郎といった一癖も二癖もある俳優たちが出演した『お葬式』をご覧になった方も多かろうが、伊丹十三はすっかり監督業が気に入っていた。

「いやもう、こんなに楽しんじゃっていいのかと思っちゃうね。楽しすぎて申し訳ない感じですよ」

　撮影に入った時点では、まだ配給会社も決まっていなかったが、製作費は約一億円。同じ時期に作られた森田芳光監督の『家族ゲーム』の製作費が四千五百万円だったことと比較すれば、新人監督としては破格の製作費だった。出資者たちは伊丹十三の才能と話題性に賭けたわけだ。

　期待は裏切られなかった。『お葬式』は大ヒットし、配収はざっと十五億円。第八回山路ふみ子映画賞をはじめ、毎日映画コンクール監督賞、キネマ旬報ベストテン第一位・監督賞など各種映画賞を独占した。

　伊丹十三は、「五〇歳」にして、映画監督に自分の天職をみた。〝マルチ人間〟の伊丹十三にとって、これまでの多芸才人ぶりは何だったのか。心理学者の岸田秀はあるところでこう分析している。

「彼は監督になるべくしてなった。今までいろいろなことをやってきたのは、全て監督になるためだった」

私にいわせれば、伊丹十三のケースは必ずしも特殊な特異なケースではない。人生には往往にして「五〇歳」で初めて自分の天職を発見するということがありうる。『お葬式』で鮮烈な監督デビューを飾った伊丹十三は、その後、『タンポポ』、『マルサの女』、『あげまん』、『ミンボーの女』、『スーパーの女』……と作る度に社会現象を呼び、作品の質はもとより、興行的にも成功してきた。一作の平均配収は十億円を超える。低迷している日本映画界にとって、この数字は驚異的で、伊丹十三は日本映画界にその存在をはっきりと位置づけた。

話題作りも巧妙だった。たとえば、『ミンボーの女』の製作発表は警視庁捜査四課の部屋で行なうなど意表を衝くやり方で、それは翌日の各紙の社会面で扱われた。『マルサの女』は時の売上税騒動に絡んでいたし、『あげまん』は元首相のスキャンダルを彷彿とさせた。『マルサの女』のメイキング・ビデオを手がけ、その後、『シコふんじゃった。』や『Ｓｈａｌｌ ｗｅ ダンス?』で人気監督となった周防正行が、いみじくも、

「伊丹さんは映画をヒットさせるために社会現象を作り出せる唯一の監督だ」

と評したように、伊丹映画は、こと映画づくりに対しては徹底している。

「日本映画が衰退しているのは、エンターテインメントの定石に対する追求心が足りないんじゃないかな。僕はエンターテインメントの要素に満ち満ちた、フルコースのアメリカ映画

を作りたいんだ。アメリカ映画はオードブルに始まってスープ、魚、肉、デザートというパターンがあって、その中で、今回は魚にポイントを置こう、デザートで盛り上げるために肉料理はこうしよう、そういう演出がはっきりしているわけです。そういうベースがなにもなくて、思いつくままに作っていたら、誰にもわかってもらえないでしょう……」

これは『サンデー毎日』(平成四年五月二十四日号)で語っている言葉だが、伊丹映画はエンターテインメントのヒット作を作り続けなければならないという宿命を背負うことにもなった。そのプレッシャーは大変なものがあったと思う。

社会を辛口の笑いで風刺した独自の素材は、伊丹十三の得意とするところだが、それは偶然にして生まれたものではない。そこには伊丹十三の鋭い日本人論がある。映画の題材を決めるときの条件もそこにある。

「まず第一に日本人論になっているか、なっていないか。僕にとって、例えば『お葬式』は一種の日本人論のつもりで作った。お葬式というのは家的、村的な共同体の中で完成された儀式です。ところが今核家族化しちゃって共同体システムが崩壊しちゃってる。だから葬式のやり方も分からない。現代の日本人社会そのものだと思った。

『タンポポ』は日本人にとっての食と性を。『マルサの女』は日本人とカネ。『マルサの女2』は日本人と土地。『あげまん』は女房をすぐお母さんにしてしまう、日本の男の特異な精神構造。『ミンボーの女』は日本人が悪とどう戦うのか、または戦わないのか。という具合に日本人論が生涯追求していきたいテーマです。前作の『静かな生活』では、それそのものが日本人論であるところの大江文学、そして大江健三郎という文学者の生き方を映画の土台にしたわけです」

前出の『VIEWS』で、こう映画作りの秘密を明かしている伊丹十三は、映画は「夢」だという。

「映画というのは一種の夢です。夢って必ずイメージに感情がついているでしょ。夢と映画の似ているところは全部が進行形であること。すべてのシーンに感情的裏打ちがあるってことです。映画というのは作者の言いたいことを感情的体験というものに置き換えたものだといっていいでしょう。

ただし、映画は退屈させちゃいけない。お金を払って見てもらうんですからね。〈映画とは退屈を禁じられた芸術だ〉とトリュフォーも言ってます」

こうした一連の伊丹発言をみてみると、伊丹十三という人間は、本質的にマジメ人間であることがよくわかる。それが「夢の中断」とどこかでつながっていたのではないか。

伊丹十三は、平成九年（一九九七）十二月二十日、突然、不可解な自殺をとげた。六四歳だった。

私は、『ヨーロッパ退屈日記』に、あとがきを頼まれた山口瞳がこう書いていたのを思い出す。

〈彼と一緒にいると「男性的で繊細でまともな人間がこの世に生きられるか」という痛ましい実験を見る思いがする〉

その無惨な暗合が切ない。しかし、「五〇歳」からスタートした伊丹十三の映画は、十分に私たちを楽しませ、かつ人生のありようを考えさせてくれた。

監督になる以前から親交のあったあるテレビマンが、

「伊丹さんは、監督前の五十年間の過ごし方が素晴らしかったから、その全てが映画のエッセンスとなっている」

と話していたが、この言葉は、これからの「五〇歳」を花ひらかせようとする団塊の世代に対しても、「今」を大切に生きなければならないことを教えている。

2 帝王 「笑いの神様」澤田隆治

「テレビ界の帝王」、「笑いの神様」といったら、この人をおいて他にはいない。澤田隆治。作った番組はのべ二万本以上、「この数はギネスブックに載るかもしれんな」と誇る澤田の足跡は、そのままテレビの歴史、笑いの歴史といっても過言ではあるまい。

六〇年代、朝日放送テレビ編成部でお笑い番組を担当し、『てなもんや三度笠』、『スチャラカ社員』、『ごろんぼ波止場』と週三本のコメディ番組を演出、三本合わせた視聴率を合計して「百パーセント男」といわれた。

昭和五十五年（一九八〇）からは関西テレビ制作の『花王名人劇場』（東京ではフジテレビ系）で漫才ブームを起こし、今は『ズームイン!!朝』、『いつみても波瀾万丈』（ともに日本テレビ系）など常に数本をかかえ、局やジャンルを超えて八面六臂の大活躍である。現在の肩書は「東阪企画」社長。

実は、澤田が社長をつとめる東阪企画は、私が仕事場に借りている新宿区矢来町の家から五軒目の角にある。第一章でふれた元日大会頭・古田重二良邸の隣が、即ち四階建ての東阪企画のビルで、時に澤田の専用車とおぼしき車を見ることがある。すぐ近くには、これも澤田が社長をしているパールスタジオや子会社のテレビランドもある。

私は東阪企画の中に入ったことはないが、『AERA』（平成五年六月二十二日号）の「現代の肖像」で澤田を書いた小田桐誠の一文によれば、ビルの狭い階段を上った二階の左側が十畳ほどの社長室である。

〈社長室には、日本テレビ社長名の表彰状、電通社長、松下電器産業、日本芸能実演家団体協議会会長・中村歌右衛門などからの感謝状がズラリ張り出されている。社長関係、新日鉄、ハイビジョン、JSB（日本衛星放送）などと区分けされた資料ケースには、ぎっしり資料が詰まっている。

この社長室に、三十八年間にのべ二万本を超える番組を作り、ハイビジョンソフトを製作し、新日鉄ライフサービス事業部専門部長として手がけた北九州市にある宇宙体験レジャー施設「スペースワールド」、地方博や地域おこしなどの企画に携ってきた澤田隆治のすべてが凝縮しているような気がする〉

表彰状と感謝状を並べている理由について、澤田が笑った。

「年とともに感謝の気持ちがなくなってくる。こりゃいかん、と思って張り出したんですわ。もう一つは銀行対策。僕らみたいな会社は、メーカーと違って膨大な土地とか何億もする設備などの資産を持っているわけではない。保存してあるビデオは担保になりませんしね。取引先企業と実績が一目でわかる賞状をみて銀行の支店長があっと驚くわけですよ」

そして、澤田のプロデューサー論。

「プロデューサーには二通りあると思うんですわ。面白いイベントを仕掛けて人を呼ぼうとする正力松太郎さんみたいな人と、その時々のスターが大好きで、スターのキャラクターで勝負する人。僕はどっちでもない。かつてのスターの新たな面をみつけ、勢いある若手の芸をドッキングさせて新しい番組を作るのが楽しみなんです。小朝が二つ目のとき『花王名人劇場』に出て、周囲からボロクソにいわれた。しかし、僕はどんどんうまくなるとみた。名前じゃなくて、その人の芸がすばらしけりゃそれでいいじゃないですか」

生っ粋のテレビ人間の典型のような澤田隆治だが、本当になりたかったのは「歴史学者」で、放送局に入ったのは学者になることを父親に反対され、読売新聞や毎日新聞にも落ちて唯一ラジオ時代の大阪朝日放送に合格できたからという偶然の産物にすぎない。学者を目指したくらいだから成績は抜群によかった。

澤田隆治は昭和八年（一九三三）五月十八日、大阪府吹田市の生まれで、大阪商船に勤めていた父親の転勤で韓国にわたり、ソウルで育った。戦後、父親の本籍地である富山県高岡に引き揚げ、高岡中学からのちに兵庫県の尼崎中学に転校、新制市立尼崎高校から神戸大文学部に合格したが、入試の成績が一番で入学式の総代になった。

そして卒業時の成績も一番。卒論は兵庫県庁の『県史』に再録されているという。卒論のテーマは『近世林業史』で、淡路島の山林地主の蔵に眠っていた古文書をまとめたものだった。この山林地主の家からのちに俳優が出た。山口崇である。

澤田は学者への道を進みたかったが、卒業した頃は就職難で、いわんや学者で食うなんて至難の業、父親にそう説得されて、それならばとマスコミ各社を全部受けたがこれが全て不合格。最後に受かったのが朝日放送だった。合格したのはたったの二人。もう一人は〝必殺シリーズ〟をヒットさせることになる山内久司である。

澤田は朝日放送に入社してからも、仕事から帰ってくると研究を続けていたが、そのうちラジオの番組を作るようになると仕事が面白くなり、学者への夢を断念した。

　その代り、眠っていた新しい才能が目をさました。ラジオをやり出して三年目の民放祭に三本の番組を出したら、三本とも賞をとってしまった。そのあとラジオからテレビに出向した。テレビの草創期で、放送局は新しい才能を求めていた。

『てなもんや三度笠』が始まったのは昭和三十七年（一九六二）、澤田がテレビに移って四年目からだった。主役の〝餡掛《あんか》けの時次郎〟に初主演の藤田まことを起用し、白木みのるを配した『てなもんや三度笠』の人気がやがて爆発する。足かけ七年間の平均視聴率が東京で二六・六パーセント、大阪で三七・五パーセントという驚異的な視聴率は、澤田隆治の存在を一躍ヒット・プロデューサーの座に押しあげた。

　もっとも最初のうちは苦労が絶えなかった。澤田は、はかま満緒の「放送史探検」（『アサヒグラフ』平成五年十一月十九日号）の中でこう明かしている。

「当時の人気者、崑ちゃん、佐々やん、雁ちゃん、小雁ちゃんは六時半からの『やりくり』に出ているし……、『てなもんや』のゲストに関西の売れっ子はだれも出てくれへん。それに初主役の藤田まことにつきあってくれるスターには限界がある。となると東京のコメディアンをゲストにお願いするしかない」

「東京のプロダクションに電話すると、『「てなもんや」？　なんだいそれは、どんな番組だ』。『日曜に放送してるんですが、藤田まこと主演で……』、『誰だそれは』と説明が大変でした。だが、由利徹さんをはじめ東京のコメディアンはどんどん出てくれた。特に堺駿二さん（堺正章の父）には、僕、恩義があるんですよ」

澤田は昭和四十年（一九六五）、この『てなもんや三度笠』の演出によってテレビ記者会賞の個人賞を受賞した。「東京の記者に認められたのが嬉しかった」という。澤田が演出する〝コメディ番組〟は公開番組というところに特徴がある。そのため彼は舞台中継とはまた違った制作方法を編み出した。

公開番組は、目の前で見ている客と舞台が一体化することによって臨場感を出し、その雰囲気によってもう一つ向こうのブラウン管の前の視聴者の心をつかむことにある。そのためにはどうしたらいいか。澤田は、それまでは低い位置にあった客席のマイクを上からつるし、しかも舞台の一番前にテレビカメラを据えて存分に動き回らせた。

観にきている客には迷惑かもしれないが、そのほうが笑い声がよくとれる。目の前の千人の客より茶の間の何百万、何千万人の視聴者を澤田は常に意識していた。その上、スタジオに幾つものセットを組むより、公開コメディならたった一つのセットですむ。低予算も計算のうちだった。私は若い頃から、どちらかといえばドキュメンタリー番組やシリアスなドラマが好きだったが、藤田まことと白木みのるのコンビが笑いをふりまく『てなもんや三度笠』だけは欠かさずに見た。今の上方演芸とは違ってあまりドギツイ笑いではなく、安心して笑えた気がする。

澤田隆治は、笑いに徹したプロデューサーである。学生時代は秀才で、寄席などには通ったこともないが、笑いの原点はすでに中学生のときに培われていた。

澤田が『毎日グラフ』（平成八年七月二十四日号）の「アミューズ・インタビュー」で答えている。

「僕は中学一年の冬に京城（現・ソウル）から高岡へ引き揚げてきて三学期から編入したために勉強についていけなかった。それに友達もいなかったから、ひとりで映画ばかり見てたんですよ。戦後のことで、戦争責任を問う映画や勤労者万歳の映画が多かったが、黒澤明の名作『素晴らしき日曜日』なんて中学一年生に分かるわけないじゃない。だから、僕はエノケンの映画やジョン・ウェインの西部劇が中心。中でも昭和二十一年の正月映画だった斎藤寅次郎の『東京五人男』は傑作だったね。これは戦後初の本格的喜劇映画で、サイレント時代のキートン、チャップリン、ロイドのギャグをテレもなくみんな使っている。僕はそんな喜劇映画を知らなかったからメチャクチャおもしろかったね。

そんな高岡時代の影響が大きくて、ペシミスティックなのは嫌いになった。だから、悲劇的なストーリーが多いフランス映画は大嫌い。『人生は甘くない』といいたいんだろうが、甘くたっていいじゃないか、世間が厳しいんだから、と思うほうなんです。だから、僕のテレビは見て楽しんでもらえたらいいと思って作ってきました」

六〇年代の『てなもんや三度笠』、『スチャラカ社員』、『ごろんぼ波止場』、あるいはバラエティ・ショーの『マイ・チャンネル』の時代を澤田隆治の第一期笑いの黄金時代とすれば、第二期黄金時代は、八〇年代の〝漫才ブーム〟の仕掛人となったことであろう。〝漫才ブーム〟は、『花王名人劇場』（日曜夜九時から。フジテレビ系）から火がついた。

しかし、『花王名人劇場』は最初から〝漫才ブーム〟をあてこんで企画されたものではない。澤田が自らペンをとった番組企画書は、きわめてオーソドックスなものだった。

〈この企画は、いつまでも残りうる芸――名人芸を中心に据えて、大衆芸能の発展に人生を賭けてきた選り抜きのスタッフにより、見応えのある娯楽番組を、テレビの視聴者に捧げんとするものである〉

番組は昭和五十四年（一九七九）十月からスタートし、山田五十鈴の『津軽三味線よされぶし』、ミヤコ蝶々の『蝶々の三味線一代』、森繁久彌の『王将』と、過去の名人の世界を名演技で再現してみせたが、残念ながら視聴率的には完敗した。

ところが八週目に、東京の下町にあった寄席を再現し、かつてその舞台に立った漫才師たちを一堂に集めた『おかしなおかしな漫才同窓会』を放送したら、東京で一六パーセント台と視聴率がハネ上がった。

「漫才はイケる」

澤田の天性のカンが閃いた。そこからが澤田の独壇場である。澤田は現代の「漫才の名人」とは何かを考えた。

「将棋の場合は、名人が替わるでしょう。強い者が名人だということがある。ぼくは、いま何が求められているかというと、名人が求められているというよりも、強い人が求められていると思うんです。そういう意味では、この『花王名人劇場』という企画の根本には、絶対力のある人、強い人、明日はひょっとしたら、とって替わられるかもしれないけれど、現在がいちばん花で、強い人が名人だということを定義して、番組を作っていくなら、見る人も、なるほどこいつはいま一世一代だと納得すると思うんです」

澤田が落語評論家の山本益博（現在は料理評論家）に語った名人談義である。

この言葉は徳丸壮也の「視聴率大将　澤田隆治」（『宝石』昭和五十六年六月号）から引いたが、澤田は〝名人〟の新しい定義をつかむと同時に、〝名人芸〟の解釈も「面白い芸」と「活力のある芸」の二つに分け、『花王名人劇場』は「活力のある芸」でいく、と軌道を修正していった。

〈そして放送されたのが第十六週（五十五年一月二十日）の『激突！　漫才新幹線』だった。東京漫才の星セント・ルイスと大阪漫才の横山やすし・西川きよし、この番組から世に出たB&Bが名人芸を競演、視聴率は東京一五・八パーセント、大阪一八・三パーセント、名古屋二三・〇パーセントを取り、この時間からテレビに漫才ブームが巻き起こった〉

ブームというのは大衆というより、たいがい若者たちから拡大していくものだ。漫才ブームの支持者も若者たち。ピンク・レディーに熱中した連中が今度は漫才に熱狂した。団塊の世代も若き日、笑い転げたはずである。

澤田は「名人劇場」の名の通り、漫才に名人大賞を設けてトロフィーと賞金を贈ることにした。第一回の名人大賞は横山やすし・西川きよし、新人賞はザ・ぼんちだった。「笑いの神様」澤田隆治は健在だった。時に四七歳だった。澤田は「五〇歳」を相変わらず視聴率のとれる「テレビの帝王」として迎えた。

澤田隆治に一つの転機が訪れたのは五五歳のときである。新日鉄が北九州市にある八幡製鉄所旧工場跡地に一大レジャーランド建設計画を打ち上げたのは昭和六十二年（一九八七）暮のこと。そのプロジェクトの指南役として、「笑いの神様」澤田が迎えられることになったのである。

澤田はテレビ人間から一転して異能サラリーマンとなった。東京・大手町の新日鉄本社十六階にあるライフサービス事業部の「スペースワールド」プロジェクト班のデスクに出勤する身になった。肩書はライフサービス事業部専門部長である。

「スペースワールド」は、北九州市にある跡地十八万平方メートルに約百五十億円を投資して一大レジャーランドを建設するというもので、重厚長大産業の象徴である新日鉄も多角化経営への変身を迫られているという、まさに社運を賭けたプロジェクトである。すでに新日鉄は、米アラバマ州にある宇宙飛行訓練施設「スペースキャンプ」のプログラムを日本で独占的に使用できる権利を獲得していた。

「スペースキャンプ」はNASA（米航空宇宙局）が開発した本格的な訓練プログラムを青少年向けに作り直したシステムで、新日鉄が計画しているのは、これを基にして、宇宙をテーマにした遊園地を作ろうとするものだ。入場者に無重力状態やスリル・ライド（一種のジェット・コースター）など、さまざまな擬似宇宙体験を楽しんでもらいながら、宇宙への知的関心も満足させようというもので、澤田は全体的なプロジェクトにアイデアを出すことになっている。

この要職に〝任命〟されたとき、澤田隆治はヤル気十分でこう抱負を語っていた。

「今でも僕の名前がプロデューサーとして出ている番組は月に百本近くあるんじゃないか。テレビ界の人間はいつまでも現場をやっていたいが、四十、五十代になるとそうもいかなくなって現場を離れてしまう。だが、僕はいつも最前線にいたい。この年になっても現場に行く。公開番組も多い。大衆が集まるところには何かがあると思っているからね。そういう意味でも、また違った現場に立てて、生き甲斐がある。とにかく毎日が〝未知との遭遇〟でね、さすがにここはハッタリとカンが勝負のテレビの人たちとは違います（笑）」

私は、この「スペースワールド」に行ったことがないので、澤田のアイデアが具体的にどう生かされているかは知らないが、東阪企画の社長室に「スペースワールド」関連の資料があるということは、それなりに満足のいく仕事だったのであろう。

五十代で初めて挑戦したサラリーマン社会の経験が、澤田隆治の笑いに何をもたらしたのか。澤田が「アミューズ・インタビュー」の中で語っている。

「僕は、次にテレビがやることとは人を幸せにすることしかないと思っている。三年前に生涯現役宣言をしたが、残りの人生は人を幸せにすることに費やします。

テレビは大人にとっては娯楽かもしれないが、子供にとっては害毒になることを流している。飲酒・喫煙・暴力シーン禁止のアメリカのテレビに比べれば、日本のテレビは異常です。だから、僕はテレビという媒体で、見るだけで幸せになるものをやりたいし、また可能だと思います。だって、テレビは一夜でブームを作り出す魔力を持ったメディアやから」

テレビというものを知り尽くした男の言葉である。澤田隆治が作り出した笑いの中で育ってきた団塊の世代も、「五〇歳」を迎えた今、テレビの笑いについて、もっと「健康な笑い」を望んでいるはずである。最近のテレビの笑いはあまりにも幼稚でひどすぎる。

〝映像の魔術師〟たちのうち、伊丹十三は「五〇歳」で開花しながら不幸な自殺をとげ、澤田隆治は五十代でなった異能サラリーマンの経験を生かして新しいテレビの笑いに挑戦し続けている。

映画といい、テレビといい、現代におけるもっとも影響力の強いメディアを「変革」した〝革命児〟たちの五十代もなかなかのものである。

終章　人生あわてることはない

1 悠々　森敦が『月山』で世に出るまで

「遅れて来た青年」という言葉があるが、それ流にいえば、さしずめ森敦は「遅れて来た中年」というべきだろう。いや正確に記すならば、二〇歳で華々しく文壇にデビューしたあと急に隠棲し、放浪の旅を続け、突然、また華々しく甦ってきた貴種として文壇内外に衝撃を与えた人という鮮烈さをもつ。

森敦が『月山』で第七十回（昭和四十八年下期）芥川賞を受賞したのは、明治四十五年（一九一二）一月二十八日生まれだから、彼が六二歳のときだった。芥川賞史上最高年受賞者ということで、ジャーナリズムは当時「還暦をすぎた新人」とはやしたてたが、しかし森敦の場合、新人という言葉はまるであてはまらない。

選考委員の丹羽文雄が「この人の名を私は三十年昔に知っていた」といい、安岡章太郎は「とにかく六十一歳（選考時）といえば、この人など第一回の芥川賞候補になってもおかしくはないのである」と評した。

事実、森敦は昭和九年（一九三四）、弱冠二二歳にして『東京日日新聞』（現・毎日新聞）に『酩酊船』を連載した。横光利一、菊池寛といった〝歴史上の文豪〟たちとも交友をもち、さらに太宰治、檀一雄、中原中也などと同人誌『青い花』を創刊した一人でもあった。横光利一は結婚の媒酌人でもある。

したがって芥川賞受賞の言葉にも、駆け出しの新人作家の言葉とは一味も二味も違う年輪の重さがあった。

「芥川賞はぼくの若い日、しばしばご迷惑をかけた菊池さんの創設されたものであり、それを思うと感慨無量のものがある」

このような経歴を秘め、しかも六〇歳を過ぎた人が果たして新人といえるのかという議論も選考委員の間で交されたようだが、選考委員の中村光夫の言葉が時代を現わしている。「文学が老年の事業になるのは近頃の趨勢だし、六十代はむしろ成熟と収穫の時」であると。

私は、この言葉こそ今の団塊の世代に贈りたい。「五〇歳」は六十代の「成熟と収穫の時」へ向けての熟成の過程である。その言葉を肝に銘じて精進すれば未来はひらける、と。現に、森敦の五十代は町の小さな印刷屋で働く一介の無名人でしかなかった。

『月山』で芥川賞を受賞するまでの森敦のことを、当時毎日新聞の記者だった早瀬圭一が『サンデー毎日』（平成元年八月二十日号）に書いている。

後藤明生（作家）があるとき、「面白い人物を紹介しましょう」といい、後藤から話が通じて、森敦が毎日新聞社に早瀬を訪ねてきた。むろん初対面だったが、森敦がいきなり怒ったようなもの言いで「僕にビールをご馳走してくれますか」といった。

〈当時もう六十歳になっていたはずだが、挑むような鋭い視線と表情は傲岸不遜というより、青年のような客気と熱気でむんむんしていた。おかっぱ頭、背は高く、骨組みがっちりしていて正体不明の人物にみえた〉

一、二杯のビールで酔ったわけでもなかろうが、森敦は初対面の記者に言い放った。

「一高時代に太宰治、檀一雄と一緒に同人雑誌をやってました。横光利一が僕を可愛がってくれてねえ。だがそのまま順調に行くのは気が進まなくて、一高もやめ、小説書くのもやめて以後全国を放浪の旅です。土方やったり乞食の真似事やったり、ようやく東京に舞い戻って印刷屋に食いぶちもらいながらいま気が向いて小説書いてます」

以後、一週間に一度のわりで森敦は毎日新聞社に現われ、その都度早瀬はビールをご馳走した。何ヵ月かのち、早瀬は驚く。

「執筆はもっぱら山手線の車中です。何周もぐるぐる回りながら、この広告チラシの裏を小さく切ってこれが原稿用紙です」

といって書いていた小説ができあがり、その作品『月山』が芥川賞候補となった。

〈「芥川賞候補にノミネートされましたねえ」相変らずビールをご馳走しながら言うと「選考委員の諸君にどこまでわかりますか」印刷屋のおっちゃんはけろっとしていた。だが、選考委員のおっちゃんたちは目利きが揃っていたのか、たまたまそうなったのかほぼ満場一致で受賞作と決まった。

当時、森さんは京王線国領駅南へ歩いて十分のみすぼらしい木造アパートに独り住んでいて、訪ねていくと「いや、ものごと考えよう、ここも住めば天国です。アハハハ」破顔一笑された〉

むろん受賞後は有名人となり、もはや新聞社へ「ビールを飲ませてもらいに来ました」とは現われなくなったが、森敦と早瀬圭一の交友はその後も続いた。

森敦が勤めていた印刷会社は、飯田橋の筑土八幡にある「近代印刷」といった。美術印刷の下請けなどをやっている印刷所だったが、森敦がここに嘱託の形で身を置くようになったのは昭和三十九年（一九六四）に上京してからで、それ以前は放浪の身であった。

「十年勤めて十年遊ぶ、これをくりかえしてきました」

と森敦は語っているが、『月山』で芥川賞を受賞するまでの漂泊の人生がすでに伝説的である。

森敦はのちに『天上の眺め』に書いているが幼少期に北朝鮮（朝鮮民主主義人民共和国）で過ごしており、旧制一高に入り、中退、すでに二十代前半において波瀾万丈の生活を予感させている。

『酩酊船』のあと筆をおいてから、漂泊の人生に入り、『月山』で復活するまでの詳《こま》かい軌跡は私にはわからないが、少なくとも森敦を〝師匠〟として仰いでいた芥川賞では先輩の作家、小島信夫などが死後に追悼した一文によれば、昭和二十五年（一九五〇）頃から三十年の途中ぐらいまでは今の新宿区の東大久保のアパートに住んでいて、一本屋の店頭に置いて客に無料で配る出版情報紙を作っていたが、これは紙の高騰ですぐに失敗した。

そのあと昭和三十二年（一九五七）頃からは紀伊半島熊野の尾鷲の奥のダムの飯場で働いた。ここに三年ほどいて、次に新潟県の弥彦神社のすぐそばに新築の二間の一軒家を借りて住んでいた。そして今度は山形の庄内に移る。『月山』の舞台である。

〈そのうち、名残を惜む追随者達と笑いながら送別会をやって山形県へ発って行かれた。笑って、といったがだいたい、森さんは、笑いと希望の渦巻くサービスをふりまかれた。どうして食べておられたか、誰にも分らなかった。食事は都営住宅のおふくろ様のところへ行ってしておられた。そのほかの費用は、参集したもの達が、おそらく持った〉

これは小島信夫が「追悼　森敦」（『群像』平成元年十月号）の中の「収穫・演出」という一文に書いたいきさつだが、庄内での生活はやがて『月山』という作品に結実する。

森敦とおぼしき「わたし」は、即身成仏、つまり生きたままミイラになる信仰の世界、月山の麓の雪深い集落の荒れ寺に棲みつき、張り合わせた和紙で蚊帳をつくり、吹き込む雪や寒さを防いで、住んでいる。本堂では集落の者たちが集って、念仏のあとの無礼講が始まり、「わたし」も「寺のじさま」や「首振りのばさま」や「黒いモンペ姿の男」や「独鈷ノ山で出合った女」たちに呼ばれて、酒盛りの座に引きずり込まれる。

〈……女はそれとなく膝に置かれた黒いモンペ姿の男の手を払い、

「お前さま、和紙の蚊帳つくっているというんでろ。どげなもんだかや」

「どうって、まあ繭の中にいるようなものかな」

「繭の中……」

女がそう呟くと、じさまはまたひとりごとのように、

「そういえば、どの家もカイコを飼うて、二階三階はカイコ棚にしとったんども、いまは桑の木もすっかりのうなってしもうての。変わったもんだて」

と、言うのを受けて頷いたのは、首振りのばさまであります。

「だども、カイコは天の虫いうての。蛹《さなぎ》を見ればおかしげなものだども、あれでやがて白い羽が生えるのは、繭の中で天の夢を見とるさけだと言う者もあるもんだけ」

「天の夢？」

そう言う女にほのかなものが感じられ、わたしはふとカイコにとっても、あの繭の中に天地のすべてがあるような気がしてくるのですが……〉

こんな方言豊かな表現で、延々と語られていく『月山』という作品に私は異様な衝撃を受け、すぐ森文学の虜になった。『月山』はきわめて土俗的な匂いにあふれているが、ある種透明な寂寥感、敷衍していえば日本人の寂しさのようなものが全編に漂っていて、全体の格調は高く、今までの日本の文学になかったような得体の知れない感銘を与える饒舌体の小説である。「繭の中で天の夢を見とる」という表現などは、まだ放浪の身にある森敦の心境を

如実に示しているようで、私をドキリとさせた。

早朝の山手線の車中で、何周もぐるぐる回りながら、広告チラシの裏にちびた鉛筆で書いたというこの小説は、昭和四十七年（一九七二）七月発行の『季刊藝術』に掲載された、と当時編集長だった古山高麗雄が「中隠の生涯」（『海燕』平成元年十月号）で回顧している。古山自身、森敦とは面識がなかったが、感銘は深かった。

〈「月山」には、鏡花の「高野聖」や康成の「伊豆の踊子」を初めて読んだときに感じたものと同質のものを感じた。このような作品に出合うのは、小説を好む者の冥利でもあり、編集者の冥利でもある〉

『月山』で芥川賞史上最高年受賞者となった森敦は、『われ逝くもののごとく』で野間文芸賞を受賞。文壇での地位を確立したが、森敦は〝有名人〟となってからも、権威をふりかざす人間ではなかった。テレビにもよく登場し、人生相談にも応じていたが、あくまでも「市井の人」であった。

ここではむろん森敦の作家論を展開するのが本意ではなく、森敦の生き方を通して、「五〇歳」からの人生の生き方を考えることに主眼がある。その点、古山高麗雄が前出の一文の中で書いた白居易の「中隠」という詩に託して、森敦の生き方を考察しているところが、私にはなにやら興味深い。

〈大いなる賢者は市中《まちなか》に隠れ、小型の賢者が山中に隠れる。しかし、山中は淋しくてうそ寒く、町なかはただ喧しくて落ち着けまい、されば中隠となって閑職に隠れ住むのが上策だ、と白居易は言う。

ほどよく勤め、なんとか暮らせる給金をもらい、ほどよく自然とも人とも付き合い、貧乏の悲惨さからも憂患のつきまとう栄華からも逃れて安穏な方がいいではないか。それが中隠の境涯である。中隠が安穏なのは、中隠というのは、失敗、成功、豊富、欠乏のどれからもほどよい距離にあるからだ〉

これなどはまるで団塊の世代の大勢《おおかた》が考えている人生観とぴったりではないか、と私などは苦笑するが、むろんこの白居易の「中隠」の詩を引用した古山が、森敦の生き方に対して、「もちろん、人はそんな単純なものではない、ということぐらいのことは心得ているつもりだが」と書き加えていることを明記しておかなければならない。

しかしながら、人生を急ぎすぎる、言葉を換えていえば、「五〇歳」で人生の全てが決まるかのように企業内の地位なり給料なりを計算して、そのあとの人生を決めてしまう人間が多い今の世の中にあって、私はやはり、人生そう早々と結論を自分に出さないほうがいいよ、と声を大きくしていいたい。

森敦自身も『楽しかりし日々』(『新潮45』昭和六十三年十一月号)で、「遅れるなら早く遅れたほうがいい」と、自分の体験を語っている。

〈一高などでは遅れることをすこしも恥じないどころか、向陵名士と自らも称し、他人《ひと》からも呼ばれて闊歩《かっぽ》していた。中でもこんな傑物がいた。この人はどこかの中学で教鞭をとっていたそうだが、生徒の一人が一高を受けると言いだした。それでは自分もと共々受験したものの、生徒は受かって、自分は滑った。

しかし、すこしも慌てず生徒のあとからはいって来、丹念に裏表《うらおもて》を返して卒業した。裏表を返すとは落第することである。その上、この大名士は東大に進むのに三年かかった。ところが、嚶鳴堂に現れ悠然としてこんな演説をぶった。予は諸君が僅に三年学んだところを、六年に亘って研鑽した。したがって、三年ぐらいの休養は当然であろう。たまたま、これを聴いていた先輩の顕官が大いに頷いて、彼が東大を卒業するや、破格の抜擢をしたというが……〉

こういう話を紹介すると、時代が違うとか、旧制一高のエリート社会の話じゃないかとか、すぐに一笑に付する向きもあるだろうが、先哲の含蓄のある寓話から何事かを読みとる力がない人は、所詮それだけの話である。

森敦は、昭和が終わった年、平成元年、七七歳で亡くなった。『月山』、『われ逝くもののごとく』などはきわめて宗教的な（というより土俗信仰的な）色彩の強い作品であるが、正式の通夜も葬式もしなかった。作家の日野啓三が、亡くなった翌日森宅に弔問に伺うと、「棺の前に線香を立てる小さな壺は置かれていたが、他に一切の宗教色がなかった」と、「無限の構造――森敦追悼」（『新潮』平成元年十月号）にこう記している。

〈多くのさまざまな階層の人たちとつき合い、数々の世俗的職業をこなし、晩年には熱心なファンの人と親しかったにもかかわらず、原則的な次元では社会と妥協せず、みずからの理念に従って、生き、書き、そして死んだ〉

私は、そこに自ら求めたとはいえ、修羅と混濁した人生を送った末、「五〇歳」を過ぎてから上澄みのように澄んだ文学の華を咲かせた森敦の清冽な人生をみて、こよなく好きである。

2 仏門　新聞記者からの転身

「ショホウカイゼインネンショウ（諸法皆是因縁生）　インネンショウコムジショウ（因縁生故無自性）……ヒッキョウクウコ　ゼミョウハンニャハラミツ（畢竟空故　是名般若波羅密）」

群馬県高崎市の曹洞宗松禅寺で、年明けと同時に読経の声が響いていた。「修《しゅ》正会《しょうえ》」の「大般若転読」である。

朝日新聞記者を満五三歳のとき辞めて得度し、禅僧になった浅田茂美《ぼうみ》（群馬・長松寺徒弟）もその「転翻《てんぽん》」に参加していた。転翻とは、偈文《げもん》を唱えながら、折り畳まれている『大般若経』の一巻一巻を、扇のようにパタパタと開きながら下ろして閉じる読経をさすが、これがなかなか難しい。左右に三度ずつ繰り返すうちに、経本を畳に落としてしまうことがある。

私はこの人に会ったことはないが、浅田茂美が得度したいきさつは知っている。『大法輪』という月刊誌がある。特定の宗教をバックにしない一般向けの宗教雑誌で、昭和九年創刊だから歴史は古い。生き方を模索し、生と死の問題を身近なものとしている人たちの指針となっている雑誌である。

私はその『大法輪』に二年ほど前から、ライフワークの一つともいうべき大河ノンフィクションを連載中である。伝教大師最澄が比叡山に開創した天台宗の最高指導者を「座主」と尊称するが、第二百五十三代座主は山田恵諦猊下といい、平成六年（一九九四）二月に数え一〇〇歳の天寿を全うした。山田座主はローマ法王パウロ二世と並び称される世界的な宗教家であり、昭和六十二年（一九八七）に世界中の宗教界のトップが参加した「比叡山宗教サミット」を主催した座主として知られる。

山田座主は八〇歳を過ぎてからも世界中を巡錫し、平和を説いたことから、『空飛ぶお座主』というのが連載のタイトルだが、私の意図は、山田座主の一〇〇歳の仏道精進の生涯を通して、日本に仏教が伝来してから現代に至るまで、聖徳太子の事蹟、奈良仏教の興隆と堕落、空海と最澄の相克、鎌倉仏教の各宗祖……などを考察し、日本文化の根幹をなす仏教の真髄をきわめようというもので、モチーフとスケールだけは壮大である。

この『大法輪』の今年（平成十二年）三月号に「仏教を求める中高年たち――『朝日』記者から禅僧へ」という文章が掲載されていた。それが浅田茂美の一文で、冒頭の偈文から始まっていた。

冒頭の偈文は次のような意味である。

〈「ものごとはすべて因縁によって生ずる。それ自体として存在するものは何もない。ですから去るとか来るとかいうことはないし、自分のものになるとか他人のものとかということもない。つまりすべては空《くう》なのです。これが真理であり、この真理を正しく身につけることこそ本当の智慧というのです」

仏教の真髄と言えると思います。声に出して唱えていると、自分が「真理」に向かって歩むだけでなく、大勢の参拝者にもお伝えしているのだという思いが湧いてきます〉

「こころの時代」といわれてから久しい。バブル経済が崩壊し、モノ、カネ至上主義から「こころ」のありようを求めて、宗教に帰依する中高年サラリーマンたちがふえている。それは必ずしも現世からの離脱、現実逃避という意味ばかりではない。第一、そういう甘えは宗教の本質の埒外にある。宗教に帰依するのはもっと強い意志、「生きるとは何か」、生と死の実相を求めてやむにやまれぬ気持ちから、自ら「修行」の世界に入る人たちがふえている状況は、まさに現代的である。

浅田記者は、朝日新聞東京本社の学芸部員として、週一回夕刊に掲載される「こころ」のページを担当して、二年が過ぎた五一歳のとき、仏門に入ることを決心した。社会部記者から「こころ」のページ担当に替わって、最初に書いた記事は「良寛」だった。それから取材先が仏教界やキリスト教へと広がっていった。

〈薬師寺管主（執筆当時。以下同じ）の高田好胤師からは『般若心経』を通じてこだわらない生き方を、比叡山延暦寺の山田恵諦座主からは東西の宗教や思想の交流を、長野・円福寺の藤本幸邦住職からは国境を越える布施行の実践を学びました。キリスト者の中では、イエズス会神父の門脇佳吉上智大教授から最も強く影響されました。「キリスト教だって本来東洋思想です」と断言し、ミサに坐禅を取り入れておられました。物事を対立的にとらえるのではなく、むしろ一体とみなす「一如」という、ものの考え方には目を覚まされた思いになりました。文化勲章受章者の中村元先生からは釈尊の思想の合理性を、さらに宗教そのものでなくても、その影響を強く受けた歴史上の人物、たとえば宮沢賢治や南方熊楠などからは生きざまを学びました。

その結果、「真理」の名にあたいし、自分の生き方の指針にできるだけでなく、地球の存続さえ危ぶまれる現代の問題も解決できるものがあるとすれば、それは仏教かも知れない、

と考えるようになっていたのです〉

平成六年六月、退社の希望が表面化すると、朝日新聞の記者仲間たちが「なぜ？」と驚いたが、浅田の気持ちはもう変わらなかった。不安も感じなかった。家庭には妻と子供が三人。末の子はまだ中学三年だったが、それも退職金で大丈夫と考えた。そして平成七年、東京・荒川区にある「東京国際仏教塾」に入塾するところから本格的な勉強を始めたのである。

そこの修行期間は一年。塾を終えたあと今度は群馬の長松寺や金沢の専門僧堂大乗寺で参禅を重ね、仏教へ帰依する心はますます強くなっていった。

「仏道をならふといふは自己をならふなり　自己をならふといふは自己を忘るるなり　自己を忘るるといふは万法に証せらるるなり　万法に証せらるるといふは自己の身心および他己《たこ》の身心をして脱落せしむるなり」

という道元禅師の教えが、とりわけ魅力的なものになっていた。浅田は、長松寺で得度し、正式に禅僧となった。

しかし、僧侶としての修行は生半可なものではない。僧堂生活は現実からの逃避の場ではない。きわめて厳しい戒律によって日常が修行の日々となっている。

〈起床は四時二十分。坐禅は五時二十分まで。お袈裟をかけて仏殿へ。さらに法堂《ほうとう》へと移動して約一時間の朝課。続いて着替えをして作務《さむ》。七時半にはまた元の服装に戻り、粥座（朝食のこと）に備えて坐禅堂へ。終わって台所で片付け。ようやく一息つけるのは八時半ごろになってからです。ようやく一息つけるのは八時半ごろ

その後は、托鉢の日は別ですが、午前十一時半ごろに斎座（昼食）、午後五時半ごろに薬《やく》石《せき》（夕食）。八時五十分に「開沈鐘《かいちんしょう》」がなって就寝。食事の前後には作務、講義、坐禅のどれかがある、というのが僧堂の一日の流れでした〉

僧堂では、在家時代の年齢や経歴は一切関係なく、早く上山した人が絶対的な先輩僧となる。在家時代に会社の部長をしていたとか、部下を多く使っていたとか、経歴の実績が重ければ重いほど、体にしみついた生活習慣や思考をそぎ落とすのは容易なことではない。つい「自我」が頭をもたげ、僧堂生活についていけず、落伍する人も出てくる。

浅田も、逃げたくなったときが「何度かあった」が、つらいことが過ぎれば喜びは大きい。すっかり僧侶の生活になじみ、現在はかつて学んだ「東京国際仏教塾」で事務を担当している。

この塾では、岐阜・光明寺住職大洞龍明師の提唱した「還暦総得度」を旗印に掲げているというが、浅田の一文は、最近の中高年の仏門帰依の実態にもふれている。

〈最初は十一人だけだった塾生が、最多の十一期は九十一人にまで増え、十二期の今年度で総数は六百人を超えています。入塾時の年齢で最も多いのは五十代で二百十人、次いで六十代の百九十二人、四十代の百二十三人の順です。入塾動機をみますと、圧倒的に多いのが

「こころの拠り所として」、あるいは「生き方の指針として」仏教を根本から学びたいという方です。中にはリストラにあったことがきっかけという方もおられます。

在家からの出家にはかなりの困難を伴います。中高年になってからではなおのことです。しかしそれまでの生き方にしばられず、深いところで将来に希望を持てる価値観を身につける、大きな機会に恵まれることは確実です〉

「東京国際仏教塾」だけでこれだけ入塾者が多くなっているのだから、全国レベルでは相当数にのぼることは間違いない。仏道に限らず宗教に「こころ」をゆだね、魂の安らぎを求める人はまぎれもなくふえている。

3 再生　瀬戸内寂聴の「生き甲斐」を求めて

出家といえば、作家の瀬戸内晴美が得度受戒して「寂聴」となったのは昭和四十八年（一九七三）、五一歳のときだった。

〈……いつとはなくわが作品にうながされ、ひそかに出離の想いをつづけるようになってい

ました……〉

これは得度した日、瀬戸内寂聴が知人、友人たちに出した挨拶状の一文である。寂聴になるその日の朝、彼女は心境を次の一句に託した。

「紅葉燃ゆ　旅立つ朝の　空や寂《じゃく》」

瀬戸内晴美が岩手県の中尊寺で得度したのはこの年の十一月十四日。戒師は中尊寺貫主の今東光大僧正がつとめる予定であったが、入院中のため、寛永寺貫主・杉谷義周大僧正が代わって執り行なわれた。「寂聴」という名は今東光大僧正がつけた。

人気作家の出家は当然マスコミにも騒がれ、いろいろな特集記事が編まれたが、『週刊読売』（昭和四十八年十二月一日号）によると、彼女はすでに十年ほど前から出家を考えていたという。そのきっかけは『女徳』という小説を書いたことだった。

この小説のモデルは、京都・祇王寺の高岡智照尼。智照尼はその昔、売れっ子の芸妓で、恋のため自分で自分の小指を切り落とすという激しい情熱の持ち主だった。この智照尼の人生とめぐり逢い、『女徳』という小説を書いたことが、彼女に大きな影響を与えたことは、彼女自身が解説に記している。

〈……人と人との出逢いの神秘を思わずにはいられない。この小説の中の多くの人物たちと、この小説のためにめぐり逢い、それは私自身の運命にも大きく作用するほどの縁を次々に結びあわせていった。小説にも命があるならば、『女徳』は私にとって最も運命的な暗示

を未来に含んだ小説であったのではあるまいか〉

入院中の今東光大僧正も、当時こう話していた。

「うん、おれにも十年前からそういう気持ちを話していたね。だけど、いつも講演旅行のついでにいうわけだ。まあ、人間だれでも、ときには仏門に入りたい、という気持ちを持つだろ。だから聞き流していたんだが、ところが彼女の仏心は、その後も深まる一方で、この九月、おれもそれなら、という気になったんだ。

おれは、いつもちゃらんぽらんなことをいっているが、仏道に関してはきびしいからな。それを女の身で耐えられるか、おれもずいぶん考えたが、彼女の決心の強さで、これなら大丈夫、と思ったんだね」

瀬戸内寂聴が得度入門したのは伝教大師最澄が開創した天台宗である。比叡山は、東塔、西塔、横川《よかわ》の三塔十六谷からなるが、得度すると、横川の行院で六十日間籠って修行しなければならない。それは「荒行」といってもいいが、その荒行のあと瀬戸内寂聴が「荒行の比叡をおりて」(『文藝春秋』昭和四十九年八月号)という一文で、修行の凄まじさを書いている。

〈一夜明ければ三塔巡拝の日、横川から坂本の町まで、回峯行者の歩く山道を下り、坂本の寺々をめぐり、また山を登って、叡山三塔を巡り、横川に帰る。全行程、三十キロという。

(中略)そのうち、目の前が真暗になり、意識が薄れ、呼吸が苦しくなる。このまま、疲れ死するのかと思う。行中に息が止まれば、それも安楽死のひとつだと、肚をすえて、杖にすがって、道端にしゃがみこんでしまったら、次第に意識がもどり、いっせいに鶯の鳴く声が耳になだれこんでくる〉

新聞もラジオもテレビもない修行の日が続く。入山したときは三分咲きだった桜が、いつの間にか咲いて、散り、気がつくと全山が「燃え立つような新緑」になっていた。

〈音にきこえた三千仏の礼拝は無我夢中のうちにやりとげてしまった。過去仏千体、現在仏千体、未来仏千体の名をとなえながら、五体投地礼《とうちらい》を三千回するのである。朝の五時から夕方の六時過ぎまで続けて、ようやく終る頃、仏が見えるときいていたが、仏などいっこうに現われず、頭の中は空白で、目には本堂の窓の外の新緑が揺れ広がっていた〉

最澄がひらいた天台宗は、鎌倉時代になって、法然、親鸞、日蓮、栄西、道元、一遍といった各宗派の開祖を輩出し、比叡山は「日本仏教の母山」といわれているが、その根本教義は「円密禅戒」、つまり天台、密教、禅、戒の四要素を総合したもので、当然、十八道、金剛界、胎蔵界といった密教修法も行の中にはある。それが終了すれば大詰めの護摩供養に入る。

〈いよいよ結願《けちがん》の日の最後の護摩火が、いきおいよく火の粉をはじきながら天井をめがけて火龍のようにかけのぼったとき、思わず胴震えして涙がふきこぼれてきた。二ヵ月の行中、私はついに仏を見ることはなかったが、その一瞬我身即本尊、本尊即我身の観想が炎の中に凝縮し、火炎を背負った青黒《しょうこく》の不動明王の中にわが身がすいこまれて行く経験をした。はっと我にかえったとき、すでに涙は炎にかわき尽され、まだ炎はいきおいもおとろえず、巨大な火龍のように天を臨んで身もだえつづけていた〉

仏門に帰依してからの瀬戸内寂聴の活躍はめざましい。京都・嵯峨野に「寂庵」を結んで法話で仏の道を説き、昭和六十三年（一九八八）には岩手県の天台寺の住職となって再興し、平成元年から四年間、敦賀女子短大学長を務めた。私は、酒井雄哉阿闍梨のことで、「寂庵」に寂聴尼を訪ねたこともあるが、ここには寂聴尼の法話を聴く信者も多く、仏教が身近かなものとなっている。

文学的には『夏の終り』で女流文学賞、『花に問え』で谷崎潤一郎賞、『白道』で芸術選奨文部大臣賞受賞と受賞歴も多彩で、『源氏物語』全十巻の新訳も完成した。エイズや震災など社会問題にも長く取り組んでいる。彼女にとって「五〇歳」からの出家は大きな意味があったわけだ。

瀬戸内寂聴が『サライ』（平成九年二月六日号）で、〝出家〟の意義をこう説いている。

「……出家にもいろいろあると思うんですが、いずれにしても、自分がそれまで生活していた家や環境などを捨てるということ。サラリーマンにとっては、定年がそれに当たると思います。今まで長い年月をかけてつちかった会社第一の価値観をいっぺん捨てないと、以後の人生での幸福はなかなかつかめない。そのためには、奥が深くて、熱中できるような何かを定年前に見つけなければ。自分の才能に見切りをつけず、自分はまだ変わることができると信じることです。死ぬまで変わるのが人間なのですから」

現実問題として、サラリーマンが得度、仏門に入ることは誰にでもできることではない。しかし、瀬戸内寂聴が説く「自分の才能に見切りをつけず」、「奥が深くて、熱中できるような何かを定年前に見つける」姿勢こそが、その後の人生を豊かにするはずである。

文庫のためのあとがき

本書は、日本の中核をなす団塊の世代が「五〇歳」を迎えた二〇〇〇年六月に上梓されたが、さまざまな反響があった中で、とりわけわが意を強くしたのは、文中にも登場する永六輔氏からいただいた、

「洋服を脱がされて新しい下着から着替えたような気分で読了」

という絵葉書だった。

社会的地位を確立した永六輔氏でさえ、今なお新しい生き方を心にかけている、そんな謙虚な気持ちが読みとれた。

今はまさに時代の転換期にある。

今年の春闘の結果をみるまでもなく、五〇代の半ばに達する団塊の世代、やがて「五〇歳」を迎えるポスト団塊の世代（四〇代）、つまり日本の最前線に立つビジネスマンたちを取り巻く環境は激変している。

これまで日本の企業社会を支えてきた終身雇用、年功序列型社会はとうに崩壊して、リストラは当たり前、それに代わって、いわば能力主義、成果主義を中心とする雇用、人事、収

入などの制度改革が加速化し、ビジネスマンたちに重くのしかかっている。

企業にはもはや頼れない。国や政府はあてにならない。こんな苛烈な環境の中で生きるためにはどうしたらいいのか。ビジネスマンに限らず、自営業も含め、思い悩んでいる人たちが多いはずだ。

当然、激変する時代を生き抜くためには、新しい人生設計が必要となる。それを考察したのが本書である。

昔は「人生五十年」、今は八十年の時代。「五〇歳は第二の出発点」と考えれば、団塊の世代とポスト団塊の世代がこれまで成長の節目節目で、さまざまな影響を受けた戦後史を彩る人たちが、自分と同じ「五〇歳」をどう生きてきたのか、それを知ることは、これからの人生を生きる上で参考になり、大きな勇気と智恵とヤル気を与えてくれるはずだ。

アサヒビール名誉会長からこのほど相談役に退いて後進に道を譲った樋口廣太郎氏は「五〇歳」を過ぎてから、住友銀行の役員から青息吐息のビール会社の顧問として転職し、見事にアサヒビールを再生させた人として知られている。〝世界のソニー〟を創りあげた国際的評価の高い経営者、盛田昭夫が井深大のあと二代目社長に就任したのも、「五〇歳」のときだった。

ビジネスマンに限らず、「五〇歳」を機に大きく飛躍した人たちは各界に多い。かと思えば、森敦のように、「五〇歳」はまだ人生模索の放浪時代、六二歳で芥川賞を受賞し、最後に花を咲かせる人生もある。また瀬戸内寂聴尼のように「五〇歳」で得度出家し、「こころ」の安らぎをえながら、『源氏物語』全十巻の新訳を完成させるなど、充実した仕事を成しとげている人もいる。最近は仏教に「こころ」をゆだねるビジネスマンもふえている。

私自身、四〇代で世に出た当初は、登山家の加藤保男（『エベレストに死す』）や冒険家の植村直己（『マッキンリーに死す』）など、「未知の領域」に挑戦した「生と死」の物語を書いていたが、知命を過ぎてからは「こころの領域」に深い関心が寄っている。瀬戸内寂聴尼が帰依した天台宗については、私自身も『生き仏になった落ちこぼれ——酒井雄哉大阿闍梨の二千日回峰行』（講談社）という本にも書き、昨年十月には、一〇〇歳で遷化した天台宗前座主・山田恵諦猊下の生涯を描いた評伝『忘己利他』（上下、講談社）を上梓したばかりだが、天台宗の開祖最澄はいっている。

「最下鈍の者も十二年を経れば必ず一験を得る」と。

いかに最下鈍、能力の劣ったものであっても、一つのことを十二年間続けるなら、必ず一験を得ることができるという意味だ。急がば回れ、という言葉もある。今からでも遅くはない。座して〝定年死〟、〝リストラ死〟を待つよりも、「五〇歳」からの目標と目的を定め、それに精進することだ。そうすれば生き甲斐も出てくるし、生活に張りが出てくる。競争社会に生き残りを賭けて、「勝ち組」を目指すのも生き方なら、何か公認資格の取得でもいい、転職への挑戦でもいい、趣味を深めて「好きな仕事」をするのも一つの生き方だろう。

団塊の世代はまだ「五〇歳代」、人生、あわてることはない。一意専心、何かを始めることから人生の次の希望と展望がひらけるはずである。

かつて、ある詩人は、中年時代を「青春の午後」と美しい言葉で表現した。「五〇歳」からの人生もまだ「青春の午後」である。青春前期の若々しい躍動感からは多少遠のいたかもしれないが、その代わりに経験をつんだ豊かさがある。未知の世界に挑戦する好奇心も勇気もまだあるはずだ。その「青春の午後」こそ充実した輝かしいものであってほしい。終わりよければすべてよし、である。団塊の世代も、ポスト団塊の世代も含め、これまでのライフスタイルの総決算をやり、これからは、もう一度自分の生き方を改めて確立することが求められている時代である。まず自分が変らなければ何も始まらない。本書がその参考の一助になれば幸いである。

本書の出版にあたっては、当時の講談社学術局長・鷲尾賢也氏、学術図書第二出版部長・生越孝氏、同担当部長・小森昌氏から多大の激励と助言を受けた。また文庫化に際しては、文庫出版部の堀山和子部長、担当の岩崎卓也副部長のお世話になった。ここに深く謝意を表したい。

二〇〇三年四月

長尾三郎

〔参考文献〕

文中に表記した著作や雑誌を含め、『都市の論理』（羽仁五郎著、勁草書房）。『砦の上にわれらの世界を』（東大全学共闘会議編、亜紀書房）。『叛逆のバリケード』（日本大学文理学部闘争委員会書記局編、三一書房）。『昭和史の瞬間』（上下・朝日新聞社）。『大往生』（永六輔著、岩波書店）。『変節の人』（矢崎泰久著、飛鳥新社）。『二つの墓標』（長尾三郎著、講談社）。『日本人とユダヤ人』（イザヤ・ベンダサン著、角川文庫版）。『一下級将校の見た帝国陸軍』（山本七平著、朝日新聞社）。『月山』（森敦著、河出書房新社）。『われ逝くもののごとく』（森敦著、講談社）。『伝教大師巡礼』（瀬戸内寂聴著、講談社）。『人生、あわてることはない』（山田恵諦著、大和出版）などを参考にした。

そのほか、『昭和二十二年生まれ』（河出書房新社）。『昭和ビジネス60年誌』（ダイヤモンド社）。『現代マスコミ人物辞典』（一九八九年版、二十一世紀書院）。『現代風俗史年表』（世相風俗観察会編、河出書房新社）。『昭和史事典』（昭和史研究会編、講談社）などを参照したことを明記する。

本書は二〇〇〇年六月に小社より刊行された『人は50歳で何をしていたか』を改題したものです。

|著者|長尾三郎　ノンフィクション作家。1938年福島県生まれ。早稲田大学第一文学部演劇科中退。在学中から著述業に入り、政治、社会問題、スポーツなど幅広い分野で活躍、現在に至る。主な著書に『マッキンリーに死す』(第8回講談社ノンフィクション賞受賞)、『エベレストに死す』『サハラに死す』の"死す"三部作をはじめ、『生き仏になった落ちこぼれ』、『古寺再興』、『魂を彫る』、『虚構地獄 寺山修司』(以上講談社文庫)、『鎮魂』(徳間文庫)、『神宮の森の伝説』(文藝春秋)、『激しすぎる夢』(山と渓谷社)など。最近作に『忘己利他』(上下・講談社)がある。

人《ひと》は50歳《さい》で何《なに》をなすべきか

長尾三郎《ながおさぶろう》

© Saburo Nagao 2003

講談社文庫

定価はカバーに
表示してあります

2003年5月15日第1刷発行

発行者——野間佐和子
発行所——株式会社 講談社
東京都文京区音羽2-12-21　〒112-8001
電話 出版部 (03) 5395-3510
販売部 (03) 5395-5817
業務部 (03) 5395-3615

デザイン—菊地信義
製版——慶昌堂印刷株式会社
印刷——豊国印刷株式会社
製本——株式会社上島製本所

Printed in Japan

落丁本・乱丁本は購入書店名を明記のうえ、小社書籍業務部あてにお送りください。送料は小社負担にてお取替えします。なお、この本の内容についてのお問い合わせは文庫出版部あてにお願いいたします。

ISBN4-06-273749-3

本書の無断複写(コピー)は著作権法上での例外を除き、禁じられています。

講談社文庫刊行の辞

二十一世紀の到来を目睫に望みながら、われわれはいま、人類史上かつて例を見ない巨大な転換期をむかえようとしている。

世界も、日本も、激動の予兆に対する期待とおののきを内に蔵して、未知の時代に歩み入ろうとしている。このときにあたり、創業の人野間清治の「ナショナル・エデュケイター」への志を現代に甦らせようと意図して、われわれはここに古今の文芸作品はいうまでもなく、ひろく人文・社会・自然の諸科学から東西の名著を網羅する、新しい綜合文庫の発刊を決意した。

激動の転換期はまた断絶の時代である。われわれは戦後二十五年間の出版文化のありかたへの深い反省をこめて、この断絶の時代にあえて人間的な持続を求めようとする。いたずらに浮薄な商業主義のあだ花を追い求めることなく、長期にわたって良書に生命をあたえようとつとめるところにしか、今後の出版文化の真の繁栄はあり得ないと信じるからである。

同時にわれわれはこの綜合文庫の刊行を通じて、人文・社会・自然の諸科学が、結局人間の学にほかならないことを立証しようと願っている。かつて知識とは、「汝自身を知る」ことにつきていた。現代社会の瑣末な情報の氾濫のなかから、力強い知識の源泉を掘り起し、技術文明のただなかに、生きた人間の姿を復活させること。それこそわれわれの切なる希求である。

われわれは権威に盲従せず、俗流に媚びることなく、渾然一体となって日本の「草の根」をかたちづくる若く新しい世代の人々に、心をこめてこの新しい綜合文庫をおくり届けたい。それは知識の泉であるとともに感受性のふるさとであり、もっとも有機的に組織され、社会に開かれた万人のための大学をめざしている。大方の支援と協力を衷心より切望してやまない。

一九七一年七月

野間省一

講談社文庫 最新刊

町田 康　**へらへらぼっちゃん**
書くことも読むことも、町田康にかかれば日本語はこんなに面白い。瞠目《どうもく》のエッセー集。

高橋克彦　**時宗**〈巻の参 震星〉〈巻の四 戦星〉
蒙古軍の襲来。この国の命運を賭け、時宗は秘策に出た。圧倒的迫力で描く怒濤の完結編。

神崎京介　**女薫の旅 感涙はてる**
担任の川上先生、謎の美女・美千子、人妻の早苗などと大地は関係。好評シリーズ第8弾。

出久根達郎　**土龍《もぐら》**
黒船来航に江戸の町が揺れる頃、城下の地下に隠された〝秘密〟を巡る長編時代サスペンス。

佐木隆三　**成就者たち**
一連の〝オウム事件〟を題材に、ひとりの少年の異様な体験と軌跡を描いたモデル小説。

山口雅也　**マニアックス**
ミステリー初心者にこそ読んで欲しい。驚愕《サプライズ》&恐怖《ホラー》に満ちた短編7本を収録した短編集。

清涼院流水　**カーニバル 五輪の書**
JDC「カーニバル」シリーズ完結！ すべての謎を解き究極の真相を暴く袋とじ付き！

ホーカン・ネッセル 中村友子 訳　**終止符《ピリオド》**
小さな漁港のある町で起きた猟奇的で凄惨な連続首切り殺人事件の謎を追う警察ミステリ。

ポール・リンゼイ 笹野洋子 訳　**覇者**(上)(下)
半世紀前にナチスが秘匿した大量の名画を巡り、FBI捜査官と頭脳明晰な殺人者が激突。

大平光代　**だから、あなたも生きぬいて**
割腹自殺をはかった少女が弁護士に！ 壮絶な半生を描いた大ベストセラーが文庫化!!

講談社文庫 最新刊

- 鴨志田 穣・西原理恵子　**アジアパー伝**
  カモシダ青年がタイで出会った人たちとのハチャメチャ体験記。サイバラ漫画も大爆笑！
- 武 豊　**この馬に聞いた！ 炎の復活凱旋編**
  落馬事故から復活、JRA賞騎手大賞に輝いた2002年の栄光の記録。**文庫オリジナル**
- 岩間建二郎　**ゴルフ ここだけ直せばうまくなる**
  ゴルフがうまくなるポイントはたった4つだけ。飛ばし屋プロが教える簡単上達法の極意。
- はにわきみこ　**たまらない女**
  10年の便秘を1年で治したアッパレ奮戦記。読んで笑って出てスッキリ。役立つ即効箋！
- 堀 和久　**江戸風流女ばなし**
  「吉原入門」「後家さんもてもて」など、江戸の性風俗の面白雑学集。川柳や小話も満載！
- 堀井憲一郎　**『巨人の星』に必要なことはすべて人生から学んだ。あ。逆だ。**
  気鋭のデータコラムニストがあの名作『巨人の星』に隠されたナゾを徹底的に解明した。
- 明石散人　**日本国大崩壊**〈アカシックファイル〉
  景気低迷、高齢化、北朝鮮問題——全く先が読めない我が国の行方が視える秘鍵がここに。
- 清水義範　**青二才の頃**〈回想の'70年代〉
  大阪万博、よど号、浅間山荘……。刺激的な時代を自らの青春とともにふり返るエッセイ。
- 長尾三郎　**人は50歳で何をなすべきか**
  戦後、わが国でキラリと光る活躍を見せた各界著名人たちの〝転換期〟を描く人物ルポ。
- 内橋克人　**新版 匠の時代 第3巻 第4巻**〈東芝・本田技研〉〈国鉄技術陣〉
  常識をくつがえす独創的な発想で、プロジェクトに取り組んだ技術者たちを丹念に描く。
- 大崎善生　**将棋の子**
  一手一局に夢と未来をかけて戦う少年たちの感動物語。**講談社ノンフィクション賞受賞作**

講談社文庫 目録

2003年3月15日現在